Richard Wurmbrand
Atheismus - ein Weg?

Richard Wurmbrand

ATHEISMUS - EIN WEG?

35 BEWEISE
DER
EXISTENZ GOTTES

– Gedanken eines Gefangenen –

Stephanus Edition Uhldingen

ISB N 3-921213-76-2

übersetzt aus dem Amerikanischen
von U. Heinzelmann
Herstellung:
Satz: Stephanus-Druck GmbH
Druck: Ebner Ulm
1. Auflage 1986
2. Auflage 1990

Inhalt

Einführung

Ein Philosoph konfrontierte Rabbi Levi-Yitzak von Berditschew einmal mit Argumenten, die die Existenz Gottes widerlegen sollten. Der Rabbi hörte ihm lange und tief in Gedanken versunken zu; plötzlich blickte er seinem Gesprächspartner ohne Umschweife in die Augen und sagte leise: »Und was, wenn es doch wahr wäre, daß es Gott gibt? Sagen Sie mir, was wäre, wenn es doch stimmte?«

Der Philosoph war von diesen Worten mehr betroffen als von all den Argumenten für die Religion, die er bislang gehört hatte. Er erkannte, daß er in Gefahr war, und wurde gläubig, da er zum ersten Mal seine Verwundbarkeit und Verantwortlichkeit vor einem wirklichen Gott spürte.

*

Der Abt eines Zisterzienserklosters wurde im italienischen Fernsehen interviewt. Zisterzienser sind römisch-katholische Mönche, die in vollkommenem Stillschweigen leben, jeder für sich in seiner Zelle. Sie sehen sich zwar, sprechen aber nur, wenn sie beichten oder gemeinsam in der Kirche singen.

Der Interviewer fragte den Abt: »Und was wäre, wenn Sie am Ende Ihres Lebens erkennen würden, daß der Atheismus Recht hat, wenn er sagt, daß es keinen Gott gibt? Sagen Sie mir, was dann?«

Der Abt gab zur Antwort: »Heiligkeit, Schweigen und Opfer sind an sich schön, auch ohne Verheißung auf Belohnung. Ich werde dennoch mein Leben gut genutzt haben.«

*

Ein armer Mensch bekam eine Uhr geschenkt, die erste, die er je besessen hatte. Er war sehr stolz darüber, bis eines Tages seine Freude angesichts der Erkenntnis verblaßte, daß sie nicht die richtige Zeit anzeigte.

Er brachte die Zeiger dem Uhrmacher zur Reparatur.

»Aber ich brauche die ganze Uhr!« sagte der Uhrmacher.

Der Arme antwortete aufgebracht: »Sie wollen die ganze Uhr nur, damit Sie mehr Geld für die Reparatur verlangen können. Die Uhr ist vollkommen in Ordnung. Nur die Zeiger müssen repariert werden.«

Auch im Leben läßt sich kein Problem isoliert lösen, ohne das Ganze zu berühren. In der Medizin nennt man das »Ganzheitsmethode« oder »Psychosomatik«, die Erkenntnis, daß Körper, Seele *und* Geist im Krankheitsfalle oder bei Beschwerden mitbetroffen sind. Ein guter Arzt behandelt nicht das Geschwür, sondern seine Ursache. Die Lösung sozialer Probleme muß ebenfalls die ganze Person mit einbeziehen, oder ein Scheitern ist so gut wie sicher.

Niemand ist eine Insel, isoliert von Familie, Gesellschaft oder Universum. Das Gefühl zu jemandem oder zu etwas zu gehören, ist nicht nur für das Wohlbefinden wesentlich, sondern ist eine unwiderlegbare Tatsache des Seins.

Die Frage ist, zu wem wir gehören.

Gibt es ein höheres Wesen, jemanden, der über uns steht? Gibt es vielleicht einen Gott, dem wir angehören? Wir wollen diese Frage sine ira et studio (ohne Zorn und falschen Eifer) angehen, ohne den religiösen beziehungsweise den atheistischen Standpunkt zu bevorzugen oder zu benachteiligen.

Jede einseitige Untersuchung eines Problems ist gefährlich. Nur wer beide Seiten hört, sieht klar. Ein einseitiger Mensch bleibt im Dunkeln.

Lenin hat einmal gesagt: »Um ein Problem wirklich zu kennen, müssen wir alle seine Aspekte und Zusammenhänge ins Auge fassen und studieren. Wir werden das nie vollkommen erreichen können, doch die Bemühung, alle seine Aspekte abzuwägen, bewahrt uns vor Irrtum und Täuschung.«

Es ist daher falsch und antileninistisch seitens kommunistischer Länder, wenn sie nur atheistische Bücher als Lektüre zulassen. In anderen Ländern sind sowohl religiöse als auch antireligiöse Bücher frei erhältlich.

Mao schrieb: »Nur *eine* Seite von etwas zu sehen, bedeutet im Absoluten zu denken; bedeutet Probleme metaphysisch zu betrachten.« Da Kommunisten Gegner der Metaphysik sind, sollen sie doch die freie Meinungsäußerung gestatten!

Ein altes Sprichwort sagt: »Bewahre uns, Herr, vor einem Menschen, der nur ein einziges Buch liest!« Ich würde mich vor einem Menschen, der nur *ein* Buch liest, hüten, selbst wenn dieses Buch die Bibel wäre.

Ein Frosch in einem Brunnen sagte: »Der Himmel ist nicht größer als die Öffnung des Brunnens.« Richtig wäre es gewesen, wenn der Frosch gesagt hätte: »Der Teil des Himmels, den ich sehe, ist so groß wie die Öffnung des Brunnens.«

Der Himmel, den Atheisten von ihrer begrenzten Warte aus sehen, enthält keinen Gott, so wie der Himmel manch eines engstirnigen Gläubigen kein Verständnis für den Standpunkt des Atheisten birgt. Der Himmel ist jedoch selbst in der Naturwelt weitaus größer als der kleine Ausschnitt, den wir sehen.

Der Blinde lebt in einer Welt ohne Malerei; der Taube nimmt keine Musik wahr. Der Eskimo kann sich keine Tropensonne und keinen Regen vorstellen.

Der Buschmann kennt das Innere eines Motors nicht. Ihr Verstand kann solche Dinge nicht fassen.

Könnte es nicht sein, daß Atheisten gegenüber einem Teil der Wirklichkeit, den wir Gott nennen, blind sind, so wie Gläubige oft nicht in der Lage sind, die Umstände zu verstehen, die es für manche Menschen schwierig machen, Gott anzuerkennen? Christen sollten erkennen, daß nicht nur Gott, sondern auch der Atheismus Wirklichkeit ist. Es muß ernsthafte Gründe für die Existenz des Atheismus geben.

Im Laufe der Jahrhunderte haben sich unsere Kenntnisse bezüglich des Universums erweitert – von dem naiven Glauben, daß die Erde der Mittelpunkt sei, bis zu der Tatsache, daß der Stern NCG 62822 – 4,5 Quintillionen Lichtjahre entfernt ist, und daß der Durchmesser unserer Milchstraße allein 1.800.000.000.000.000.000 Lichtjahre beträgt. Auch unser geistiges Universum ist weitaus größer, als wir es begreifen.

Wir wollen daher unsere Sicht vergrößern und auf einer Stufe, die sich von der herkömmlichen Weisheit vergangener Jahrhunderte unterscheidet, den Glauben an Gott dem Atheismus gegenüberstellen.

*

Der italienische Schriftsteller Dino Buzzati erzählt folgende Legende: Iblis, der Todesengel, erschien Einstein, als dieser gerade an seiner Relativitätstheorie arbeitete, und sagte: »Deine Zeit ist abgelaufen. Du mußt mir in die andere Welt folgen.« Einstein erbat sich eine Frist von einem Monat, innerhalb der er sein Werk vollenden wollte. Die Frist wurde gewährt. Nach Ablauf des Monats bat Einstein um einen weiteren.

Schließlich beendete er sein Werk und ging getreu der Vereinbarung in einer Dezembernacht in den Park, um den Todesengel zu treffen. Einstein, der keinen persönlichen Ehrgeiz für Erfolg, Ruhm und Geld hegte, war damit zufrieden, daß er der Wissenschaft gedient hatte.

Iblis fragte ihn: »Hast du deine Arbeit beendet?«

»Ja.«

»Dann kannst du hierbleiben. Ich habe kein Interesse mehr an dir. Ich habe dich mit der Vorstellung des bevorstehenden Todes erschreckt, damit du schneller arbeitest. Ich bin der Bote des Teufels. Ich weiß, daß du lauteren Herzens gearbeitet hast. Aber auf der Grundlage dessen, was du entdeckt hast, werden Raketen und Killersatelliten entwickelt werden, um die Erde und ihre Bewohner zu zerstören. Wir fördern die Entwicklung einer Pseudowissenschaft, die nicht nur auf Wahrheit und Liebe ausgerichtet ist, sondern auch auf die Werke des Bösen. ›Nur schnell, schnell‹ ist unsere Devise.«

Der Teufel möchte nicht, daß wir viel Zeit mit Nachdenken verbringen. Er hat einen Widerwillen gegen Tiefe. »Schicke uns nicht in die Tiefe«, baten die Teufel Jesus (Lukas 8:31).

Hierin sind sie ganz anders als Gott, der Oberflächlichkeit meidet und sich vor den Tiefen nicht scheut (Psalm 18:11).

»Schnell, schnell!« drängt der Teufel. »Baut Häuser, Städte, Staaten, Reiche, kulturelle, wissenschaftliche und politische Einrichtungen, Kirchen und Missionen! Tut große Dinge und tut sie schnell! Vergeudet eure Zeit nicht mit Feinabstimmungen oder Einzelheiten! Denn so könnt ihr mir bei der Entfachung des Feuers, des kosmischen Holocaust, der Götterdämmerung behilflich sein, in der von Gottes Schöpfung nichts übrigbleiben wird.

Unser Dämonenheer wird als einziges überleben, und dann wird Gott uns wieder aufnehmen und nach unseren Bedingungen mit uns Frieden schließen müssen.«

Dieses Buch ist für jene gedacht, die nicht in Eile und, die, ehe sie ein Haus bauen oder einen Kampf austragen, sich zuerst hinsetzen, die Kosten berechnen und über die letztlichen Konsequenzen dessen, was sie tun, nachdenken, so wie Jesus es gelehrt hat (Lukas 14:28, 31).

Jahrelang saß ich allein und, wegen schwerer Ketten, nahezu unbeweglich in einer sehr kleinen Gefängniszelle, ohne Bücher und Papier und ohne jemals mit jemandem sprechen zu können. Ich konnte nur denken. Ich konnte nur versuchen, in die Tiefen zu dringen. Sei still und lausche.

*

Manche glauben an Gott und manche nicht. Manche sagen anderen, sie sollen glauben oder nicht glauben. Einige gehen noch weiter: Sie versuchen andere zum Glauben oder Nichtglauben zu zwingen. Im Iran läßt Khomeini Menschen töten, weil sie nicht an Gott glauben; in Rußland werden Menschen von Kommunisten getötet, weil sie an Gott glauben.

Erwarten Sie daher keine einfache Lösung der Frage, ob es einen Gott gibt oder nicht. Wenn es eine einfache Lösung gäbe, wäre diese Frage schon längst aus der Welt geschafft.

Der Streit geht um ein Wort, das Wort »Gott«, obwohl bezüglich des Begriffes »Gott« Einheit herrscht.

Bevor wir sagen »ich behaupte«, »ich leugne«, »ich bin gleichgültig und schere mich nicht darum«, »ich glaube«, »ich glaube nicht«, »ich liebe Ihn« oder »ich hasse Ihn«, haben wir das Wesen im Sinn, dessen Existenz wir bejahen oder leugnen oder ignorieren.

Die Übereinkunft ist perfekt, noch bevor wir Worte sagen, sie sogar innerlich zu uns selbst sagen. Lassen wir daher die Worte weg, und die große Spaltung unter den Menschen wird ein Ende haben.

Wirkliche Sprache braucht keine Worte. Im Hebräischen gibt es den Ausdruck »Wort« nicht. Statt dessen wird das Wort »Davar« verwendet, welches »das Wirkliche« oder auch »der Grund« bedeutet. — Unsere Sprache dient nicht dazu, Wirkliches zu übermitteln oder Gründe aufzudecken. Unsere Worte sind daher zerbrechliche Gefäße, die häufig in den Untiefen von Mißverständnissen und Uneinigkeit versinken. Kluge Worte kommen aus tiefem Schweigen.

Die Wirklichkeit übersteigt Streitigkeiten. Die Wirklichkeit übersteigt sogar Standpunkte für oder gegen die Wahrheit. Wenn einer Gott ist, kann Er sich selbst verteidigen.

Selbst jene, die *für* Gott sprechen, reden oft zuviel. Sie bemerken nicht, wenn sie, von Gott redend, dazu übergehen, von Seinen Eigenschaften zu sprechen. Eigenschaften, Attribute! Das lateinische Wort »Attribut« bedeutet: jemandem etwas zuschreiben. Das Wort an sich zeigt schon, daß es nicht über Gott spricht, wie dieser an sich ist. Wenn es Ihn gibt, dann ist Er sicher nur wie Er ist (Exodus 3:14), und nicht so, wie wir meinen und sagen.

»Der Herr ist in seinem heiligen Tempel. Es sei vor ihm stille alle Welt!« (Habakuk 2:20), heißt es in der Bibel. Nur die Schweigsamen können die Wahrheit sagen, wenn sie, sehr selten, von Gott sprechen.

Die Wahrheit kann man erfassen, aber sie gehört nur Menschen ohne Sonnenbrille. Die Wahrheit lebt nur so lange gut, wie sie die Grenzen, welche Sprachen und Kulturen trennen, unbeschadet überschreitet.

Es gibt Eingeborenensprachen, in denen die Begriffe »Gott ist Liebe« oder »Gott ist heilig« nicht vermittelt werden können, da es keine Worte für »Liebe« und »heilig« gibt.

Für die Eingeborenen Australiens wurden die Wörter »Heiliger Geist« mit »der liebe Medizinmann im Himmel« übersetzt. Eingeborene Gläubige vertrauen also auf den »Vater, den Sohn und den lieben Medizinmann«. Die Eskimos dagegen kennen kein Wort für »Streit». Sie leben in einem sehr kalten Klima. Warum sollte jemand wegen einer Auseinandersetzung eine Lungenentzündung riskieren? Deshalb kann man in ihrer Sprache nicht sagen, daß Gott mit Sündern hadert.

Bis vor einigen Jahren wurde in der chinesischen Schreibweise dasselbe Ideogramm für »er« und »sie« verwendet. Ist Gott ein »Er« oder eine »Sie«? In der westlichen Christenheit gibt es Leute, die alle männlichen Eigenschaften Gottes aus der Bibel entfernen möchten. Das ist ein westlicher Luxus. Diese Diskussion wäre in China unmöglich gewesen.

Nur Menschen mit klarer, ungetrübter Sehkraft können die Wahrheit erkennen. Die meisten Menschen tragen jedoch noch dunklere Gläser als eine Sonnenbrille. Sie tragen Augenbinden, wie sie Häftlingen in kommunistischen Gefängnissen umgebunden werden. Sie können nichts sehen.

Es ist notwendig, die Augenbinden und Sonnenbrillen abzunehmen. Ja selbst die Augen müssen geheilt werden. »Salbe deine Augen, daß du sehen mögest« (Offenbarung 3:18), sagt Jesus. Nur ein gesundes Auge kann die Wirklichkeit wahrnehmen.

Und diese Wirklichkeit übersteigt Streitigkeiten. Im Talmud, einem heiligen Buch der Juden, heißt es, daß einmal, als Rabbi Schamai und Rabbi Hillel über die richtige Auslegung eines Bibelverses stritten, eine Stimme vom Himmel sagte: »Dies und dies sind die Worte des ewigen Gottes.«

Um zur Wahrheit zu gelangen, müssen wir uns vor den Fallen unserer eigenen Überzeugung und den Schlingen unseres schlechten Denkens hüten.

*

Die Auffassungen über Gott sind sehr verschieden

Manche glauben an Gott nur als »den großen Baumeister des Universums«. Das ist eine neutrale Vorstellung. Jeder hat recht, Juden, Christen, Moslems, Buddhisten.

Einige haben überhaupt kein Dogma. Nicht nur, daß sie keine Wahrheit hätten; sie weigern sich entschieden, sie zu haben.

Lessing hat geschrieben: »Wenn Gott die ganze Wahrheit in seiner Rechten und den lauteren und stets aktiven Drang zur Wahrheit in seiner Linken hielte, obgleich mit dem Zusatz, mich immer und ewig zu täuschen, und wenn er zu mir sagen würde: ›Wähle!‹, würde ich demütig in seine Linke fallen und sagen: ›Vater, gib ihn mir! Die reine Wahrheit gebührt nur Dir allein.‹« (G. E. Lessing, Duplik, 1977, Gesammelte Werke V, 100.)

Jeder normale Mensch möchte genau wissen, welches Essen gut für ihn ist und welches giftig, welche Arznei ihn von seiner Krankheit heilt und welche sie verschlimmert. In der Mathematik und Wissenschaft möchten wir die Wahrheit wissen. Was die Religion anbelangt, erklären manche: »Wir wollen sie nicht. Kein Dogma, das heißt keine eindeutige Wahrheit in Sachen Religion!« Sie glauben lediglich an den großen Baumeister des Universums, der offensichtlich nicht groß genug ist, sich vorzustellen.

Wer immer sagt: »Ich lehne die Möglichkeit, beziehungsweise den Wunsch, zu einer unzweideutigen Wahrheit zu gelangen, ab«, erklärt damit: »Ich habe eine letzte Wahrheit, und es ist wünschenswert, daß man sie kennt. Diese ist, daß es keine letzte Wahrheit gibt.« Damit sind wir wieder an unserem Ausgangspunkt angelangt.

Es *gibt* eine letzte Wahrheit. – Wäre es daher nicht aufrichtig, wenn wir nach einer besseren letzten Wahrheit Ausschau hielten als nach der, daß es keine letzte Wahrheit gibt?

*

Auf die Frage, ob es einen Gott gibt, würde der Atheist antworten: »Ein vernünftiger Mensch glaubt nur an das, was er sieht.«

Wenn man den Atheisten um eine genauere Erklärung ersuchen würde, würde dieser zweifelsohne seine Behauptung ein bißchen ändern. Offenbar glaubt auch er an die Sonne, auch wenn diese nicht scheint, an die Liebe, auch wenn er sie nicht spürt, oder an seinen Verstand, den er nicht sehen kann. Er glaubt an Behauptungen von Wissenschaftlern über Galaxien oder Mikropartikel sowie den Erklärungen von Historikern über Ereignisse der Vergangenheit. Er würde sich sodann korrigieren: »Ein vernünftiger Mensch glaubt nur an das, was er selbst oder andere sehen können. Wenige haben beispielsweise Zugang zu atomaren Anlagen oder riesigen Sternwarten, aber manche haben die Dinge gesehen. Deshalb kann ich daran glauben.«

Der Gläubige könnte daraufhin sagen: »Wir befinden uns in derselben Lage. Wenige nur können behaupten, sie seien heilig oder sie hätten ein reines Herz, was die Voraussetzung ist, um Gott zu schauen. Manche haben jedoch Gott geschaut. Die alten Propheten sagen, daß sie Gott geschaut hätten. Jesus hat gesagt, Er komme von Gott. Viele christliche Heilige haben ebenfalls Visionen von Gott gehabt. Deshalb können wir glauben.«

Ich weiß, daß es das Land Tibet gibt, obwohl ich es noch nicht gesehen habe. Ich weiß, daß manche Menschen sehr gütig sind, wenn auch nur vom Hörensagen. Ich glaube, daß es einen Gott gibt, auch wenn ich selbst Ihn noch nie gesehen habe.

Wie viele Zeugen haben wir dafür, daß Hannibal oder Dschingis-Khan tatsächlich gelebt haben? – Nur sehr wenige, aber dennoch haben wir keinen Zweifel daran. Für die Existenz Gottes gibt es wesentlich mehr Zeugen.

In der Nacht sehen wir viele Sterne am Himmel; sie verschwinden jedoch von unserer Sicht, sobald die Sonne aufgeht. Können wir behaupten, tagsüber seien keine Sterne am Himmel? Wenn wir Gott nicht sehen können, durchlaufen wir vielleicht gerade die Nacht der Unwissenheit in dieser Sache. Es ist voreilig, zu behaupten, es gäbe Ihn nicht.

Prüfe selbst, ob es eine gewisse Antipathie ist, die dich Gottes Existenz ablehnen läßt. Furchtbares ist im Namen Gottes getan und große Dummheiten sind als Seine angebliche Offenbarung gepredigt oder geschrieben worden. »Gott« ist wirklich ein beflecktes, menschliches Wort. In Seinem Namen sind Standbilder von Ungeheuern für heilig erklärt worden. In Seinem Namen sind Religionskriege, oft die erbittertsten und heftigsten, ausgefochten worden. In Seinem Namen wurden Inquisitionen durchgeführt. Soldaten im Nationalsozialismus trugen Koppelschlösser mit der Aufschrift »Gott mit uns«.

Aus diesem Grund rufen Gläubige nie jemanden zu dem Wort »Gott«, sondern zu der Wirklichkeit, die »Gott« benannt wird. Es ist wichtig, sorgfältig zwischen Name und Wirklichkeit zu unterscheiden. Wer nicht gut unterscheidet, kann auch nicht gut denken.

*

Wir gebrauchen viele falsche Bezeichnungen in unserer Sprache. “Glaube an Gott” könnte auch eine falsche Bezeichnung sein. Mit Gott müssen wir den wahren Gott meinen, und nicht ein Phantasiegebilde.

In der Physik und Chemie drückt die Sprache die Merkmale der Natur nicht korrekt aus. In der Naturwelt gibt es kein Eisen, Gold oder Uran. Es sind nur Legierungen, die sich in der von Wissenschaftlern ausgedachten Weise veredeln lassen.

Diese Wissenschaftler entdecken die mikroskopischen Merkmale der Materie mit Hilfe makroskopischer (für das Auge wahrnehmbarer) Geräte, die sich wiederum aus mikroskopischen Atomen zusammensetzen. Die mikroskopische Welt in makroskopischen Begriffen zu beschreiben, beeinträchtigt unsere Wahrnehmung, so wie wir ein Kind mißverstehen, wenn wir sein Verhalten mit dem Zollstock eines Erwachsenen messen. Auf ihrer differenziertesten Stufe sieht die Wissenschaft die Natur nicht mehr gänzlich getrennt vom Beobachter. Sie ist nicht unabhängig von unseren Experimenten und Messungen.

Um Bakterien unter dem Mikroskop beobachten zu können, müssen wir dieselben zuerst zerstören und färben, was bedeutet, daß wir sie nicht so sehen, wie sie wirklich sind, wenn wir sie nicht beobachten. Wir kennen Elementarteilchen nur so, wie sie sich in unseren Reaktoren verhalten. Wie sie sich in der Natur verhalten, wenn sie nicht von unseren Photonen bombardiert werden, können uns die Reaktoren nicht sagen.

Wir können mit einem Haus nicht bekanntwerden, indem wir eine Bombe über ihm abwerfen. Ein Photon hat jedoch für bestimmte Elementarteilchen die Größe und Auswirkungen einer Bombe. Wenn wir sie dann beobachten, sind sie umgewandelt, gespalten und zerstört. Wir sehen sie nicht in ihrem ursprünglichen Zustand, sondern als »Ruinen«.

Ein Prozeß dieser Art findet im Reich Gottes statt. Zunächst gibt es Gott. Dann gibt es den Gott, wie Er ist, wenn Er weiß, daß man Ihn beobachtet, zu Ihm betet, Ihm dient oder Ihn haßt. Es gibt den Gott, wie Ihn die großen Propheten gekannt und über Ihn geschrieben haben, in dem Versuch, mit menschlichen Worten eine Wirklichkeit zu beschreiben, für die im Wörterbuch keine entsprechenden Worte stehen. Und diese Wirklichkeit Gottes wollten sie denjenigen vermitteln, die ihre Erfahrungen nicht teilen konnten.

Es gibt die Wahrheit. Es gibt die Wahrheit über die Wahrheit, die, um von den Menschen verstanden zu werden und um der Unwahrheit entgegenzuwirken, angepaßt, verändert und gemildert wird. Dann gibt es die Darstellung der Wahrheit über die Wahrheit in leicht verständlicher Form auf verschiedenen Ebenen, damit sie von Kindern, Unwissenden, Dummen, gewöhnlichen Menschen und Genies – von Menschen verschiedener sozialer Hintergründe und Sprachen verstanden werden kann. Dies Ganze wird die Wahrheit über die Wahrheit über die Wahrheit. Sie einfach »Wahrheit« zu nennen, ist eine falsche Bezeichnung. Nur die Wahrheit ist die Wahrheit, nicht ihre Anpassung oder menschliche Sprachhülle.

Wer kann die Wahrheit fassen? Wer weiß genug über sie, um sie in Abrede zu stellen? Sie übersteigt unsere Standpunkte und Spekulationen.

Der Hinduismus unterscheidet zwischen »Brahman Saguna« und »Brahman Nirguna«, zwischen Gott mit Ihm zugeschriebenen Eigenschaften und Gott, wie Er in sich selbst ist, ohne Eigenschaften.

Die sich auf der Oberfläche eines Sees widerspiegelnde Sonne wird von Wellen gestört. Unsere Beziehung zu der Wahrheit über die Wahrheit wird auf ähnliche Weise getrübt, aber die Sonne am Himmel bleibt dieselbe. Suche »Brahman Nirguna«, Gott, wie Er in sich selbst ist, den Einen, der in vollkommener Ruhe und Gelassenheit regiert.

Er wird nicht davon beeinflußt, was Seine Geschöpfe sagen oder tun. In den alten Brhad-Aranyaka-Upanischaden nennt Ihn Yajnavalkya »Neti, Neti«

(weder dies noch das). In der Bibel bezeichnet Er sich als »Ich bin, der Ich bin« (2. Moses 3:14), nicht das, wie die Menschen meinen, daß Ich sei, oder wie sie Mich gern haben möchten. Die Kabbala nennt Ihn Aijn, das Nichtsein, in dem Sinne, daß Er nie so ist, wie wir es vermuten.

Ein Schüler fragte einst den weisen Bahwa, wer Gott sei. Der Lehrer schwieg. Der Schüler wiederholte die Frage mehrmals, konnte ihm jedoch keine Antwort entlocken. Schließlich sagte der Weise: »Die ganze Zeit habe ich dir gesagt, wer Er ist, aber du willst mich nicht verstehen. Gott ist Schweigen.«

Er ist der Schöpfer, der Erhalter, aber auch der Zerstörer aller geschaffenen Formen, um neue zu erschaffen. Er erfüllt Seine Pläne, nicht unsere Wünsche.

Meister Eckhart sagt: »Wenn du für dich selbst etwas suchst, wirst du Gott niemals finden, weil du Gott zu einer Kerze machst, mit der du etwas suchen möchtest. Wenn du es gefunden hast, wirfst du die Kerze weg. Manche lieben Gott wie eine Kuh – wegen der Milch und dem Käse und dem Gewinn, den sie einbringt.«

Begehre nichts von Ihm, sondern stehe in schweigender Anbetung vor Ihm! Suche nicht einmal, angenommen zu werden! Jeder, der sich von Ihm im Stich gelassen fühlt, kann sicher sein, daß er nicht im Stich gelassen wurde. Die im Stich Gelassenen wissen nicht, daß ihnen dies geschah. Diene Gott, als ob Er nur dich hätte!

*

Wenn du bestreitest, daß es Gott in Wirklichkeit gibt, könnte ich dich fragen, ob du über dich sagen kannst: »Ich bin«.

Selbst auf diese Frage fällt eine Antwort nicht leicht. Sie erfordert einige Überlegungen.

Was verstehst du unter »ich«? Bist du ein eigenständiges, unveränderliches Objekt, dessen Existenz man bejahen oder verneinen kann? Sicher nicht. Du veränderst dich jeden Tag, ja jede Sekunde. Bist du das Embryo, der Säugling, der Schuljunge, der deinen Namen getragen hat, der Soldat auf dem Schlachtfeld, der Patient im Krankenhaus, der Ehemann und Vater, der alte Mann, der sich dem Grab nähert? In gewissem Sinne bist du ein und dieselbe Person, aber du bist auch eine Person, die sich ständig verändert.

Die Bibel sagt: »Gott schuf den Menschen zu seinem Bilde, zum Bilde Gottes schuf er ihn« (1. Mose 1:27). Das Wort »Bild« wird in diesem Vers zweimal verwendet, um diese unsere zweifache Gestalt zu zeigen.

In mancherlei Hinsicht existiert dein vergangenes »Ich« nicht mehr. Wenn du sagst »Ich bin«, kannst du nur die Abstraktion all der zahlreichen Ereignisse, die in deinem Leben stattgefunden haben, meinen.

Und wie steht es mit der Zukunft? Wird die Behauptung »Ich bin« für immer Gültigkeit haben? Oder ist das »Ich bin« nur etwas Vorübergehendes, das eines schönen Tages wie eine sich auflösende Wolke vergehen wird?

Und was bedeutet das Wort »sein« in diesem Zusammenhang? Das Wort »sein/existieren« ist genauso eine Abstraktion wie das Wort »ich«. Niemand existiert nur. Man arbeitet, man schläft, man ißt, man lacht, man weint, und – mehr noch – man wechselt ständig von einem Zustand zu einem anderen. »Existieren« bedeutet »werden«.

Wir meinen, wir könnten leicht auf die Frage verzichten, ob es einen Gott gibt oder nicht, wenn beträchtliche Überlegungen vonnöten sind, um zu entscheiden, ob ich existiere und bis zu welchem Grad eine solche Behauptung zutrifft.

Wir müssen daher die Frage stellen, ob irgendein

vom Menschen benannter Gegenstand wirklich existiert.

*

Spinoza definierte den Begriff »Wahrheit« als die Übereinstimmung zwischen unserem Gedanken und seinem Objekt. Diese Definition wird allgemein anerkannt. Aber welches Denkobjekt entsprach jemals dem Gedanken?

Worin besteht die Ähnlichkeit – nicht Identität – zwischen der Realität »Wasser« und der deutschen Bezeichnung »Wasser«? Auf Englisch heißt es »water«, auf Französisch »eau«, auf Italienisch »acqua«, auf Ungarisch »viz«, auf Rumänisch »apa«, auf Russisch »woda«. Worin besteht die Ähnlichkeit zwischen wirklichem Wasser und der chemischen Formel H_2O?

Worin besteht die Ähnlichkeit zwischen Wasser und den Gedanken, die es hervorruft – Wonne für den Durstigen, Aufregung für den Wissenschaftler im Labor, Zauber für den Dichter am Ufer des Flusses, Angst vor Überschwemmung für den Hausbesitzer, Erleichterung für den um Regen betenden Landwirt?

Ähnlich besteht ein enormer Unterschied zwischen dem, was die Menschen über Gott denken, und was Gott ist. Gläubige rufen die Menschen zur Wirklichkeit, die »Gott« genannt wird. Tausende von Büchern sind geschrieben worden, um zu erklären, wer Gott ist, doch der Leser kommt von ihnen nur mit einer Erklärung des *Wortes* »Gott« weg, nicht mit Gott selbst.

Eines meiner liebsten christlichen Lieder ist ein norwegisches, welches, anstatt Gott zu definieren, einfach sagt:

»Gott ist Gott, selbst wenn die ganze Erde verwüstet würde.

Gott ist Gott, selbst wenn alle Menschen den Tod erleiden würden.«

Gott ist Gott, und gar nichts anderes als Gott ist Gott.

Wenn man ein Anhänger des Zen-Buddhismus wird, wird man aufgefordert, über ein paar Rätsel, Koan genannt, zu meditieren.

Das erste lautet: »Wie hört sich das Geräusch an, welches entsteht, wenn man nur mit einer Hand klatscht?« Manche denken monatelang darüber nach, ohne die Antwort zu finden, obwohl diese einfach ist: »Das Geräusch, welches entsteht, wenn man mit einer Hand klatscht, ist das Geräusch, welches entsteht, wenn man mit einer Hand klatscht.« Jede andere Antwort, selbst das offensichtliche »unhörbar«, wäre falsch. Alles kann nur das sein, was es ist. Gott ist Gott.

*

Du könntest an dieser Stelle versucht sein, dieses Buch mit dem Kommentar beiseite zu legen: »Das ist ein religiöses Buch. Religion ist etwas Langweiliges«, worauf ich antworten würde: »Wie steht es denn mit Tennis oder Fußball? Ist es nicht langweilig, stundenlang einen Ball von einer Seite auf die andere zu werfen?« – »Schon gut«, könntest du sagen. »Ich gebe zu, daß es inhaltlos ist, aber es ist schön, gesund und eine Demonstration von Geschicklichkeit.« Ich wiederum würde entgegnen: »Religion könnte auch nützlich sein und wahr, obwohl sie nicht unterhaltend ist.«

Wir wollen in Ruhe gemeinsam weiterüberlegen.

*

Plato hat geschrieben: »Ein Mensch muß sieben Jahre still für sich forschen, bis er die Wahrheit erfährt, aber er braucht vierzehn Jahre, um zu lernen, wie er sie seinem Nächsten vermitteln kann.«

Ich weiß nicht, warum Plato gerade die Zahl vierzehn wählte. Warum beschloß Alexandre Dumas, daß der Held in seinem Roman »Der Graf von Monte Christo« ebenfalls vierzehn Jahre im Gefängnis sitzen sollte?

Nachdem ich vierzehn Jahre eines auf fünfundzwanzig Jahre lautenden Urteils abgesessen hatte, wurde ich unerwartet aus der Haft entlassen. Geschah das deshalb, weil ich meine Lektion gelernt hatte und nun wußte, wie ich die Wahrheit lehren sollte?

*

Im Gefängnis, wo wir nie eine gedruckte Seite zu Gesicht bekamen, hatte ich keine Ahnung von der Entdeckung solcher Dinge wie des Quarks oder Rischonim, des letzten Mikrominuskels, etwas, aus dem sich die Elementarteilchen zusammensetzen. Erst als ich wieder in Freiheit war, konnte ich darüber nachlesen.

Wissenschaftler haben die verschiedenen Quarkarten »Wahrheit«, »Schönheit« und »Anmut« benannt. Wer hätte jemals geglaubt, daß Rohstoffe wie Eisen, Erz oder Stickstoff aus Gebilden bestehen, für die selbst die kühle, nüchterne Wissenschaft keine anderen adäquaten Bezeichnungen finden konnte?

Gott ist die Wahrheit. Jesus sagte: »Ich bin die Wahrheit.« Die Bibel ist ebenfalls die Wahrheit, und sie spricht von der Schönheit der Heiligkeit Gottes. Fromme Menschen nennen die Kirche die Säule der Wahrheit. Die Wissenschaft nennt auch das Quark, das winzige Elementarteilchen, »Schönheit« und »Wahrheit«.

*

Eine endlose Linie enthält eine unendliche Zahl von Punkten. Eine Linie von einem Zoll enthält ebenfalls eine unendliche Zahl von Punkten. Ein Punkt hat keinen Mittelpunkt; in dem kleinsten vorstellbaren Punkt haben noch unendlich viele kleinere Punkte Platz. Daher gibt es Unendlichkeit in Gott und Unendlichkeit im Kleinsten.

Vom Erhabensten bis zum Finstersten gibt es nur Unendlichkeit. Vom Höchsten bis zum Niedrigsten ist die Substanz Wahrheit, Schönheit und Anmut.

Werde ich nach vierzehn Jahren Gefängnis in der Lage sein, diese Wahrheit auf ansprechende und überzeugende Art zu vermitteln?

*

Die Welt ist komplizierter, als es den Anschein hat. Die Wirklichkeit ist schwerer zu deuten, als wir es glauben möchten. Unser Wissen ist weniger zuverlässig, als wir meinen. Eine allgemein als wahr angenommene Behauptung kann möglicherweise nur relativ gesehen wahr sein, da die Wahrheit viele Seiten hat.

Ein gutes Beispiel hierfür ist die klassische Geschichte von den Blinden und dem Elefanten: Auf die Frage, wie er sich einen Elefanten vorstellte, hatte jeder Blinde eine andere Antwort. Einer befühlte das Bein des Elefanten und sagte: »Der Elefant ist so etwas wie ein Baum.« Ein anderer tastete den Rüssel des Elefanten ab und sagte: »Ein Knochen«. Ein dritter ergriff den Schwanz und sagte: »Eine Schlange«! Kein einziger von ihnen hatte jedoch eine Vorstellung davon, wie ein Elefant in Wirklichkeit aussieht.

Nur die vollkommene Seele kann die Wahrheit ganz und absolut sehen, und das nur, wenn sie das ganze Universum in einem einzigen Akt ewigen Wissens überblickt.

Meinte Jesus das, als Er sagte: »Selig sind, die reines Herzens sind; denn sie werden Gott schauen« (Matthäus 5:8), Gott, in dem alle ihr Sein und ihr Tun haben?

Gott schauen? Gibt es einen Gott?

*

Gott ist Gott. Unter dem Begriff »Gott« verstehen wir eine allmächtige Person beziehungsweise Macht, die das All lenkt und die das Objekt unserer positiven oder negativen Gedanken und Gefühle ist. Ich bin das Subjekt, Er ist das Objekt.

Wenn ich so über Ihn denke, stellen sich große Widersprüche ein.

Warum verhindert Er nicht Erdbeben, Wirbelstürme, Kriege, Blutvergießen, Armut und Sünde, wenn Er allmächtig und auch barmherzig ist? Wenn Er die Macht hat, Unheil abzuwenden, und es trotzdem nicht tut, hat Er keine Entschuldigung.

Eine kranke Frau schickte einem Missionar folgenden Beschwerdebrief: »Ich war das ganze letzte Jahr über krank. Ich bin sehr unglücklich, und ich füge mich dem ›Dein Wille geschehe‹ nicht. Ich bin wütend und verzweifelt, daß mir soviel Leid und so furchtbare Dinge zustoßen müssen. Schicken Sie mir bitte keine tröstenden Worte. Ich kämpfe mit Ihm, wenn Er nicht schläft und weiß, was auf dieser Welt, die Er so schön geschaffen hat, geschieht.

Denken Sie nur an den letzten Krieg, an die Konzentrationslager und an das, was derzeit passiert. Ich möchte nicht mehr Zeitung lesen und Radio hören. Ihnen aber wünsche ich alles Gute, Sie Idealist!«

*

Viele Juden sagen: »Ich habe geglaubt, bis Millionen von uns von Hitler vergast und verbrannt wurden.

Soll sich doch Gott jetzt ein anderes Volk aussuchen!«

Gott hat keine Entschuldigung. Vielleicht braucht Er keine. Entschuldigt sich ein Töpfer bei dem Ton für das, was er aus ihm formt; dafür, daß er das von ihm Geformte in den brennenden Ofen schiebt, damit es hart wird?

Gottes Kraft ist in der Tat von ganz anderer Art. Es gibt viele Arten von Kraft: nukleare, atomare, kalorische, elektrische, mechanische, geistliche.

Gott ist Geist. Seine Macht muß daher geistlicher Art sein. Diese Energie unterscheidet sich von anderen Energiearten insofern, als sie keinen Zwang ausübt. Sie ist keine zwingende Ursache, der eine bestimmte Wirkung folgen muß.

Vielleicht ist Er allmächtig in Seiner Macht zu überzeugen, zu lehren, zu überreden, Beispiele zu geben, eine von Erziehern, Pfarrern und Schriftstellern verwendete Macht. Gott zwingt die Menschen nicht, gut zu sein, aber Er zeigt Seine Allmacht dadurch, daß Er ein kleines Kind in einer Krippe wird, ein Wanderprediger, der Liebe oder Haß auslöst, ein Mensch, der zwischen Räubern gekreuzigt wird und alles mit Liebe erduldet. Und aufgrund Seines höchsten Opfers hat Er die Macht, viele Menschen in vielen Ländern für Liebe und Güte zu gewinnen.

Gott ist nicht eine Art Supermann, der immer als deus ex machina erscheint, um Menschen in Not zu retten. Er ist vielmehr ein allmächtiges, gelassenes, heiteres, geduldiges Wesen, das Menschen überzeugt, eben diese Eigenschaften aus Seiner freigebigen Hand entgegenzunehmen.

Es gab einen Zeitpunkt, da Er ein Wort sprach und das ursprüngliche Chaos ein geordnetes Universum wurde. Er hauchte einer Lehmfigur den Odem ein, und sie wurde eine lebendige Seele.

Er trat mit Seinen Geschöpfen in Verbindung, und sie wurden Heilige.

Er hat die Macht, zu den Menschen durchzudringen, zu ihnen zu sprechen, sie zu überzeugen, zu verändern und in alle Ewigkeit glücklich zu machen.

Ihre Glückseligkeit rührt nicht daher, daß sie von all ihren Mühsalen befreit würden, sonder daher, daß sie in ihrem Wesen so werden wie Er.

Als der heilige Franz von Assisi einmal auf Santa Maria war, rief er Bruder Leon zu sich und sagte: »Schreibe!« Dieser antwortete: »Ich höre.«

»Schreibe nieder, was wahre Freude ist!

Wenn alle Doktoren der Theologie aus Paris gekommen wären, um unserem Mönchsorden beizutreten, wäre es nicht wahre Freude, und wenn alle Bischöfe und Erzbischöfe, sogar die Könige von Frankreich und England, ihm beigetreten wären, auch nicht.

Es ist auch nicht wahre Freude, wenn die Brüder zu Ungläubigen gehen und alle bekehren, und auch nicht, wenn jemand die Macht erhält, alle Krankheiten zu heilen.

Was ist also wahre Freude?

Ich komme aus Perugia. Es ist Winter. Ich friere. An meiner Kleidung hängen Eiszapfen. Ich habe Hunger. Ich klopfe lange an der Klosterpforte. Da fragt jemand: ›Wer ist da?‹ Ich antworte: ›Franziskus‹. Es kommt die Antwort: ›Fort von hier! Wir brauchen keinen Einfältigen wie dich.‹ Ich beharre: ›Nehmt mich doch zumindest für eine Nacht auf!‹ Aber sie jagen mich fort.

Ich sage dir, wenn du ruhig bleibst und nicht die Geduld verlierst, so ist das wahre Freude und wahre Tugend und wahrhaft Gutes für die Seele.«

*

Gott ist nicht eine Macht in dem Sinne, daß Er einen Menschen vor dem Sterben bewahrt (obwohl es solche Ausnahmen gegeben hat). Tatsache ist, daß uns das Leben oft wie eine Harpyie reitet, ein Stachel und eine Plage. Beim Sterben aber lockert sie ihren Griff, und wir sehen sie verwandelt in Gestalt eines schönen Mädchens. Alles Leiden, das wir erduldet haben, wird ein Grund zur Freude.

Jesus, der menschgewordene Gott, wollte ungeachtet all Seiner Macht im Himmel und auf Erden äußere Umstände nicht ändern, einen sehr schmerzhaften Tod am Kreuz nicht umgehen. Indem Er Sein Schicksal mit Liebe und Vergebung annahm, zeigte Er vielmehr, daß wir den Tod nicht zu fürchten brauchen. Ist diese Angst einmal überwunden, wird das Leben selbst reicher, wie Er es jenen verheißen hat, die Ihm nachfolgen.

*

Es ist ein großer Nachteil, wenn man Gott nicht kennt, aber ein noch gößerer Nachteil ist es, wenn wir die falschen Schlüsse aus unserem Irrtum ziehen.

In gewisser Hinsicht ist das ganze Leben ein Wagnis, da wir als Menschen nicht die Zukunft voraussagen können. Ich weiß nicht, ob die Heirat, die ich erwäge, mich glücklich machen wird, und ich weiß auch nicht, ob ich glücklicher wäre, wenn ich ledig bliebe. Ich weiß nicht, was mir die Laufbahn, die ich eingeschlagen habe, bringen wird. Ich weiß nicht mit Bestimmtheit, ob das Essen, das ich gerade verspeist habe, mir bekommen wird. Aber wir alle treffen Entscheidungen, gestützt auf Vermutungen.

Laßt uns bezüglich der Existenz Gottes ebenso vorgehen. Laßt uns »spielen«, wie Blaise Pascal vorschlägt. Dieser sagt tatsächlich: »Wenn ich mein Vertrauen in Gott setze und dieser nicht existiert, verliere ich nichts außer die sündigen Annehmlichkeiten, auf die ich verzichten muß und die in jedem Fall schädlich sind. Wenn es Ihn aber gibt, oh, dann habe ich ewige Freude gewonnen.«

*

Bereits im Jahre 1912 schrieb Lenin in einem Brief an Gorki: »Millionen von Gewaltakten, Krankheiten und Epidemien sind weniger gefährlich als der geläutertste, geringste Gedanke an einen Gott ... Gott ist der persönliche Feind der kommunistischen Gesellschaft.«

Lenin schrieb auch: »Religion ist eine Art geistlicher Wodka, in dem die Sklaven des Kapitals ihre menschlichen Merkmale und ihre Ehrfurcht vor einem irgendwie würdevollen menschlichen Leben ertränken.« Einige Menschen denken wie er; andere dagegen glauben an Gott.

Für dich mag es vielleicht zweifelhaft sein, ob es einen Gott gibt, aber die folgende jüdische Geschichte gibt es mit Sicherheit:

Ein Rabbi stellte einem Mann in seiner Gemeinde folgende Frage: »Zwei Männer kommen durch den Kamin in ein Haus. Der eine von ihnen ist schmutzig, der andere sauber. Welcher von beiden wäscht sich?«

Der Jude antwortet: »Zweifellos der schmutzige.«

»Nein«, sagt der Rabbi. »Da der schmutzige Mann sieht, daß der andere sauber ist, vermutet er, daß auch er sauber sei. Der saubere Mann, der am anderen den Schmutz sieht, glaubt, daß er schmutzig sei, und wäscht sich.«

»Jetzt habe ich eine zweite Frage«, fährt der Rabbi fort. »Zwei Männer kommen durch den Kamin in ein Haus. Der eine von ihnen ist schmutzig, der andere sauber. Welcher von beiden wäscht sich?«

Der Jude antwortet: »Jetzt weiß ich es: der saubere.«

»Nein«, sagt der Rabbi. »Der saubere Mann betrachtet prüfend seine Hände und seine Kleidung und sieht, daß sie sauber sind. Warum soll er sich da waschen? Der andere Mann sieht, daß er überall schmutzig ist, und wäscht sich.«

Der Rabbi stellt eine dritte Frage: »Zwei Männer kommen durch den Kamin in ein Haus. Der eine ist sauber, der andere schmutzig. Welcher wäscht sich?«

Verzweifelt sagt der Jude: »Beide!«

»Falsch«, antwortet der Rabbi. »Wenn zwei Männer durch einen Kamin kommen, wie kann da einer sauber bleiben? Hast du nicht gemerkt, daß die Frage töricht ist?«

Jedes menschliche Fragen nach Gott ist töricht. Wenn es keinen intelligenten Schöpfer gäbe, gäbe es auch kein intelligentes Wesen, das Fragen stellt oder den intelligenten Schöpfer verneint. Gott existiert ganz einfach. Selbst die Behauptung, daß es Ihn gibt, ist eine Herablassung auf die Unsinnigkeit gewöhnlichen Denkens.

*

Logiker haben die Auffassung, daß er/sie/es »existiert« ein Prädikat sein kann, lange bestritten. Allein die Tatsache, daß man ein Hauptwort ausspricht, zeigt, daß man die Vorstellung von seiner Existenz akzepiert. Wenn nicht, über wen spricht man dann? Von wem behauptet man, daß er existiert oder nicht? Gibt es derzeit einen König von Frankreich? Nach wessen Existenz fragt man denn?

Den Begriff »derzeitiger König von Frankreich« gibt es mit Sicherheit. Die Frage ist nur, ob diese Vorstellung der Wirklichkeit entspricht oder nicht.

Bei Gott stellt sich diese Frage nicht. Den Begriff »Gott« gibt es mit Sicherheit, sonst könnten wir nicht über Seine Existenz beziehungsweise Nichtexistenz diskutieren. Unter dem Begriff »Gott« stellt man sich ein vollkommenes Wesen vor, das Höchste, jenseits dessen nichts mehr faßbar ist. In Wirklichkeit zu existieren ist ein wesentlicher Bestandteil von Vollkommenheit. Gibt es den Begriff »Gott«, muß er auch in Wirklichkeit existieren.

Anselm von Canterbury wies auf die Diskrepanz zwischen der Vorstellung von einem vollkommenen Wesen und dem Leugnen Seiner Existenz hin. Gehört Existenz nicht zur Vollkommenheit? Wie kann man ohne Existenz vollkommen sein?

Der heilige Bonaventura sagte: »Wenn Gott Gott ist, dann existiert Er.«

*

Ich spreche über Gott. Wenn es einen Gott gibt und ich Sein Geschöpf bin, so ist das reine Verwegenheit. Er ist ein ewiger Geist, während ich ein Mensch aus Fleisch und Blut bin. Er ist ewig, während ich vergänglich bin.

Andererseits, wenn es keinen Gott gibt, bin ich das Produkt des zufälligen Zusammentreffens von Molekülen. Wie hoch ist die Wahrscheinlichkeit, daß dieses Zufallsprodukt die Wahrheit kennt?

Wenn der Atheismus recht hat, wenn es keinen ewigen Gott und kein ewiges Leben gibt, wenn wir als Folge zufälliger Bewegungen von Molekülen der Materie entstanden sind, die auch nur als Zufall vorhanden ist, wenn der Tod sowohl für den Ungläubigen als auch den Gläubigen das Ende bedeutet, wenn letztlich nicht bloß die ganze Menschheit, sondern auch die Erde und das ganze Universum in einem Prozeß namens Entropie »den Bach hinuntergehen« wird, ist alles nichtig.

Die ganze Geschichte wird ein Ende haben, ohne daß eine einzige Seele übrigbleibt, die sich dafür interessieren würde, was mit der Menschheit in der kurzen

Zeitspanne, in der sie zufällig existierte, geschehen ist.

Wenn es einen Gott gibt, braucht Er nicht verteidigt zu werden. Wenn es Ihn nicht gibt, wen greife ich an? Ein Hirngespinst? Warum stellen wir nicht andere Märchen in Frage?

Den Glauben an Gott angreifend, erweist der Atheismus sich selbst einen schlechten Dienst.

Ein russischer Bauer wurde gefragt: »Glauben Sie an Gott?« Er sagte: »Ja, natürlich.«

»Warum glauben Sie an Ihn? Haben Sie Ihn schon einmal gesehen?«

»Nein, aber ich habe auch noch nie einen Japaner gesehen. Ich glaube aber, daß es Japaner gibt, weil unsere Armee gegen sie Krieg geführt hat. Und ich glaube an Gott, weil unsere Regierung einen so erbitterten Krieg gegen Ihn führt. Kämpfen Sie gegen ein nichtexistentes Wesen?«

Ich weiß, es ist anmaßend von mir, über dieses Thema zu schreiben. Doch obwohl ich ängstlich zur Feder greife, glaube ich, daß mich nahezu fünfzig Jahre des Studiums und der Meditation über dieses Thema zu der Hoffnung ermächtigen, daß ich einen nicht ganz unbedeutenden, wenn auch geringen Beitrag auf diesem Gebiet leisten kann.

*

Dieses Buch ist vermutlich nicht für jedermann von Interesse. Ein Musikstudent sagte vor dem Empire State Building, einem der höchsten Gebäude in New York, zu seinem Freund: »Wie schön das Kind da drüben auf der anderen Straßenseite pfeift!« Sein Gefährte wunderte sich. »Wie kannst du das bei all dem Lärm hören?« Der Musiker warf eine Münze auf das Pflaster. Sogleich traten mehrere Personen hinzu. Der Beweis war erbracht: Jeder hört das, was ihn interessiert.

Die an Geld interessiert sind, hören das Klimpern einer Münze. Die an Musik Interessierten hören sogar das Rascheln von Blättern, die der Wind aufwirbelt. Die nach der Wahrheit dürsten, werden in diesem Buch etwas Nützliches finden.

Das, was ich schreibe, ist nur für Menschen, die Antworten bekommen wollen, die nach Wissen streben, die das Licht der Wahrheit der Dunkelheit der Unwissenheit vorziehen.

*

Manche glauben, die Existenz Gottes sei nur eine ethische Frage: Wir brauchen die Vorstellung von Gott, weil ohne sie die Moral zusammenbricht.

Ungarische Kommunisten drehten einen Film mit dem Titel »Die Spiralleiter«. Er handelt von einem Ehemann mit zwei Kindern. Als guter Kommunist und guter Arbeiter wird er von der Partei für kulturelle Zwecke von einer Provinzstadt nach Budapest geschickt. Infolge der in Budapest herrschenden Wohnungsnot muß er eine Zeitlang seine Familie zurücklassen. Er verliebt sich in seine Sekretärin und läßt seine Familie im Stich.

In einer Szene – er ist gerade mit seiner Geliebten im Bett – fragt er: »Hast du keine Gewissensbisse, daß du meine Familie entzweist?«

Sie antwortet: »Als ich ein Kind war, lehrte man mich, meine Leidenschaften zu bezähmen, weil es eine Belohnung im Königreich des Himmels für diejenigen gäbe, die so handeln, und eine Strafe in der Hölle für diejenigen, die nicht so handeln. Ich glaube aber nicht mehr an solche Dinge. Warum sollte ich dann auf meine Lust verzichten oder mir wegen deiner Familie Sorgen machen?«

Dostojewski hat es bereits in den »Brüdern Karamasow« gesagt: »Wenn es keinen Gott gibt, ist alles zulässig.« Es wäre daher wohl wünschenswert, Gott zu erfinden, wenn es Ihn nicht gäbe, an Ihn zu glauben und andere zum Glauben an Ihn zu bringen, damit die Gesellschaft funktionieren und überleben kann.

»So nicht«, antwortet Jesus überraschend. »Wenn es keinen Gott und keinen Himmel gibt, soll es jeder wissen. In meines Vaters Hause sind viele Wohnungen. Wenn's nicht so wäre, hätte ich's Euch gesagt.« (Johannes 14.2)

Angenommen, Gott existiert nicht, sollen wir, da es keinen Meister, keinen Richter gibt, die wenigen Freuden, die das Leben bietet, nicht so schnell wie möglich auskosten? Auch eine andere Schlußfolgerung ist möglich.

*

Im siebzehnten Jahrhundert, als der Atheismus im jüdischen Volk noch nahezu unbekannt war, sagte ein Jude zu seinem Rabbi: »Ich glaube nicht an Gott.«

Da umarmte ihn der Rabbi und sagte: »Wie ich dich beneide! Um deinen Seelenzustand ist es so viel besser bestellt als um meinen. Wenn ich einen Menschen sehe, der krank, arm oder in Not ist, tröste ich mich mit dem Gedanken: ›Gott wird ihm schon helfen!‹ Da du aber nicht an Gott glaubst, mußt du ihm helfen. Es liegt allein an dir, das zu tun, was Gott täte, wenn es Ihn gäbe. Lebe so, und du wirst Licht finden.«

Als mein Sohn Mihai etwa fünf Jahre alt war, sagte er etwas ähnliches: Er hörte, wie ich für eine arme Familie betete. Er unterbrach mich: »Warum das Problem Gott sagen? Greif in die eigene Tasche und gib *dein* Geld den Armen!«

In den Jahren 1907 bis 1912 gab es eine Gruppe in der bolschewistischen Partei Rußlands, die unter der Bezeichnung »Bogoiskateli« beziehungsweise »Bogostroiteli« bekannt ist (Gottsucher beziehungsweise

Gotterbauer). Zu ihren Anhängern zählten so bekannte Männer wie Maxim Gorki, der Schriftsteller, und Lunatscharskij, späterer Kultusminister in der sowjetischen Regierung. Sie lehrten: »Da es keinen Gott gibt, sollen wir so handeln, wie Gott handeln würde, wenn es Ihn gäbe. Laßt uns einen Gott erbauen!« Die dachten wie der Rabbi.

Lenin bekämpfte diese Gruppe erbittert. Er befürchtete, daß diejenigen, die solchen Überlegungen folgten, bald ihre Unfähigkeit, Gott ähnlich zu sein, erkennen würden. Sie könnten auch zu dem Schluß kommen, daß es eine göttliche Macht geben müsse, die ihnen einen solchen Wunsch eingebe.

Es scheint also, daß man sich der Existenz Gottes nicht sicher zu sein braucht, ehe man versucht, seine Wege zu gehen. Nur das gelten zu lassen, was man versteht, führt häufig zu willentlicher Unwissenheit. Man könnte gut beraten sein, so vorzugehen, wie Wissenschaftler es tun.

Der Priester Gregor Mendel wurde rund hundert Jahre vor der Entdeckung von Genen oder gar Chromosomen der Vater der Genetik. Da seine Ideen jedoch allzu revolutionär waren, gelang es ihm nie, auch nur die Prüfung zum Lehramt zu bestehen. Man sagte zu ihm: »Man kann keine Genauigkeit erwarten, wenn man mit Lebendigem zu tun hat. Es ist nicht wie in der Physik, wo man Länge, Kraft oder Geschwindigkeit mißt. Das Leben ist zu kompliziert und geheimnisvoll für Maß und Zeit. Der Duft einer Blüte läßt sich nicht messen.«

Er aber wußte, daß Gott Zahlen mag. Tatsächlich heißt eines der Bücher der Bibel, das vierte Buch Mose, »Numeri« (Zahlen). In der Bibel steht geschrieben, daß Gott die Sterne zählt, ja sogar die Haare eines Menschen.

Mendel wußte ohne jeden Beweis, daß es bestimmte Vererbungsgesetze geben mußte. Es mußte möglich sein, das Ausmaß, in dem Eigenschaften der Eltern auf die Kinder übertragen werden, vorherzusagen. Die Natur konnte nicht irrational und unfaßbar sein.

Auf der Grundlage von Folgerungen des Glaubens entdeckte Mendel die Gesetze der Genetik, ohne um Gene zu wissen. Das Mendelsche Trennungsgesetz hat noch immer Gültigkeit. Die unbekannten Teilchen, mit denen er arbeitete, nannte er »Faktoren«.

Auch du kannst mit dem dir unbekannten »Faktor« arbeiten, den andere »Gott« nennen. Nimm Ihn zum Vorbild und befolge den Rat des Rabbiners.

Befasse dich intensiv mit dem Begriff »Gott«, auch wenn du Ihn nicht kennst.

Francis Bacon hat einmal gesagt: »Wenn ein Mensch mit Gewißheiten beginnt, wird er in Zweifeln enden, aber wenn er sich damit begnügt, mit Zweifeln zu beginnen, wird er mit Gewißheiten enden.« Beginne daher mit deinen Zweifeln!

*

Wir haben die Vorstellung von einem vollkommenen, guten und gerechten Wesen. Einige glauben, daß diese Vorstellung der Wirklichkeit entspricht, andere glauben es nicht.

Die Letzteren sollten doch versuchen, ihm Existenz zu geben. In früheren Zeiten gab es keine Technologie, keine Direktverbindung rund um den Globus, keine Medizin, keine demokratischen oder sozialistischen Institutionen und auch nicht Kapital und Arbeiterklasse als enorme Kräfte. Wir konnten weder fliegen noch unter Wasser fahren. Doch wir wünschten diese Dinge und brachten sie zustande.

Es gibt eine Idealvorstellung, wie eine geistliche Person, wie ein Gott sein soll. Wir wollen uns Mühe geben, wie dieses Ideal zu werden.

In anderen Dingen haben wir Träume wahr gemacht. Wir wollen so handeln, wie es der Rabbi geraten hat. Wenn es keinen Gott gibt, wollen wir das tun, was Gott tun müßte, wenn es Ihn gäbe. Sehr bald werden wir merken, wie recht Lenin hatte, als er gegen derartige Bestrebungen protestierte. Über kurz oder lang führen sie zur Entdeckung des wahren Gottes.

Was für ein Paradoxon! Wir erfahren, daß die Religion in ihrer Idealform viel mit Atheismus gemeinsam hat: Der Gott, den fromme Menschen anbeten, ähnelt verblüffend dem Gott, den Atheisten leugnen.

Meister Eckhart, ein Mystiker des Mittelalters, hat einmal gesagt: »Ein wahrhaft heiliger Mensch ist so eins mit Gott, daß er nicht an Gott denkt oder Gott außerhalb seiner selbst sucht.«

Ein christlicher Denker des zweiten Jahrhunderts, Monoimus, hat geschrieben: »Gib die Suche nach Gott, nach der Schöpfung und anderen Dingen ähnlicher Art auf! Suche Ihn, indem du dich selbst zum Ausgangspunkt nimmst. Lerne, wer in dir alles Sein Eigen macht und sagt: ›Mein Gott, mein Verstand, meine Gedanken, meine Seele, mein Leib‹. Lerne die Quellen von Sorge, Liebe, Haß ... kennen. Wenn du dies sorgfältig untersuchst, wirst du Ihn in dir selbst finden.«

Einstein hat gesagt: »Die Wirklichkeit ist *ein* elektromagnetisches Feld.« Es gibt nur *eine* Wirklichkeit. Was Vielheit zu sein scheint, sind oft nur mannigfaltige Aspekte einer einzigen Wirklichkeit. Der Gaurisankar und der Mount Everest entpuppten sich als ein und derselbe Gipfel, von verschiedenen Tälern aus gesehen.

In Hindu-Tempeln findet man die Inschrift: »Brahman ist einzig, und es gibt keinen zweiten.« Dieselben Worte singt man in jüdischen Synagogen: »Er ist einzig, und es gibt keinen anderen.«

In diesem Punkt sind sich Religion und Atheismus

einig: »Es gibt nur *eine* Wirklichkeit.« Wir alle verehren »die eine«.

Atheisten sagen: »Die Materie ist diese ›eine‹. Es gibt nichts anderes. Der Geist ist eine Eigenschaft der Materie, der sich im menschlichen Gehirn formiert.«

Wir sagen: »Gott ist ›der Eine‹, und ohne Ihn gibt es nichts.«

Mit Sicherheit hat es einen heiligen Paulus gegeben, der ewige Seligkeit hat, weil er schreiben konnte: »Ich bin nichts.« Nur »nichts« hat wahres Leben neben Ihm.

Der Priester Maximilian Kolbe, der in Auschwitz zur Zeit des Nationalsozialismus den Märtyrertod starb, hat einmal gesagt: »Ich würde gern unbemerkt gelebt haben, ohne eine Spur zurückzulassen.«

Im Gegensatz zu Steinen und Dornen, die die Füße derer verletzen, die auf sie treten, wird das auserwählte Volk Gottes in der Bibel mit Sand verglichen, der dem Tritt der Welt passiv nachgibt und niemandem Schaden zufügt.

»Wenn Gott ein Herz mit seiner Liebe erfüllt, verstreut er seine Menge des Seins in die Winde der Nichtexistenz« (Kivaja Ansari).

Gott hat alles erschaffen, und alles existiert durch Seine selbstexistente Macht. »Denn in Ihm leben, weben und sind wir« (Apostelgeschichte 17:28).

Nur Er existiert wahrhaft. Die Sprache zwingt mich, mich selbst mit »ich« anzureden, doch eigentlich hätte nur Gott das Recht, das Wort »Ich« zu sagen. Ich existiere nur »in Ihm.«

Wissenschaftler, Gläubige wie auch Atheisten, sind sich einig: »Es gibt nur einen.«

Wer ist dieser eine?

*

Manche sagen, »ich lebe«, und ihr »Ich« ist so groß, daß es die Existenz eines anderen nicht zuläßt. Stalin verbot nicht nur, daß Gott existierte, er duldete auch nicht die Existenz seiner engsten Genossen. Trotzki, Zinowjew, Jagoda – sie alle mußten sterben, damit sein »Ich« allein übrigblieb.

Ähnlich wurde Jesus vor zweitausend Jahren in Palästina für den Egoismus von Menschen geopfert, deren Verstand sich Seiner Mission und Seinem Verhalten nicht anpassen konnte.

Es ist eine traurige Tatsache, daß Menschen, die nur an sich selbst glauben, sogar innerlich alle Gedanken abtöten, die ihrem maßgebenden »Ich« nicht entsprechen.

Die christliche Denkweise ist das genaue Gegenteil: nur Gott lebt. Der heilige Paulus konnte schreiben: »Ich lebe; doch nun nicht ich, sondern Christus lebt in mir« (Galater 2:20). Die gläubige Seele sagt von ihrem himmlischen Bräutigam: »Mein Liebster ist mein, und ich bin sein« (Hohelied 2:16).
Das hebräische Wort für das Possessivpronomen »sein« ist lo, was auch »nicht« bedeutet. Die Übersetzung könnte daher auch lauten: »Mein Liebster ist mein, und ich bin nicht.« In der Schriftsprache wird ein Unterschied gemacht, aber die mündliche Sprache gab es vor der Schrift. In ihr ist »sein« und »nicht« dasselbe Wort.

Wir Christen brauchen nicht zu sein. Was nutzt einem Menschen sein eigenes Leben, wenn er einmal Bekanntschaft mit Gott gemacht hat?

Wir sind übereingekommen: Es gibt nur einen. Wer oder was ist dieser eine? Ist es Materie, die sich in Form eines menschlichen Gehirns einen nichtexistenten Gott einbildet, oder ist es Gott, der Materie und Leben geschaffen hat und Seine ganze Schöpfung mit Seiner Gegenwart erhält?

Es ist kaum verwunderlich, daß manche gebildete

Menschen sich mit Materie identifizieren. Unsere Zivilisation ist oberflächlich.

Primitive Menschen identifizieren sich auch mit ihren Totemdarstellungen, die zumindest real sind. Aber was ist Materie? Nach Einsteins Vorstellung existiert sie nur als eine Krümmung des Raum-Zeit-Kontinuums.

Wie sinnlos ist es, sich mit einer Krümmung des Raum-Zeit-Kontinuums zu identifizieren! Wir Gläubigen erstreben hingegen das Einssein mit Gott, der unserem Leben Sinn und Zweck gibt. Was ist besser? Wer hat recht?

*

Ein kleiner Vogel stieß einmal auf einen Waldbrand. Da er Mitleid mit der Tierwelt und all der Schönheit hatte, die zerstört werden würde, beschloß er, das Feuer zu löschen. Er flog zu einem entlegenen See, füllte seinen Schnabel mit Wasser und flog zurück, um es Tropfen für Tropfen auf den immer größer werdenden Brandherd zu spritzen. Nach wenigen Stunden fiel der Vogel erschöpft tot zu Boden.

Weder die kleine Herde Christi noch ich geben uns der Illusion hin, daß wir das Feuer des Atheismus und falscher Religionen zu löschen vermögen. Dieses Feuer entspringt einer zu tiefen Quelle. Ich glaube nicht, daß Atheismus bedeutet, Gott im Stich zu lassen, sondern eher, sich Ihm so weit zu widersetzen, daß man von Ihm verlassen wird. Um Atheisten zum Licht zu bringen, muß man sogar mit den Engeln Gottes ringen, die ihnen Verderben bringen.

Ich schreibe nur wegen des großen Schmerzes in meinem Herzen. Und doch – woher soll ein kleiner Mund die Beredtsamkeit nehmen, über das große Meer zu sprechen?

*

Ein Mann aus Tschu, namens Pienho, fand in den Bergen einen ungeschliffenen Edelstein. Er nahm ihn mit nach Hause und zeigte ihn Kaiser Wu. Der Kaiser verlangte von einem Juwelier, den Wert zu schätzen. »Es ist nur ein gewöhnlicher Stein«, sagte der Juwelier. Da ließ der Kaiser, der glaubte, daß Pienho ihn belogen hätte, ihm das linke Bein abhacken.

Als Kaiser Wu starb und Wen den Thron bestieg, legte Pienho den Stein dem neuen Kaiser vor, der ebenfalls einen Juwelier beauftragte, seine Meinung über den angeblichen Edelstein abzugeben. Dieser sagte auch: »Nur ein gewöhnlicher Stein.« Da befahl der Kaiser, der Pienho als Lügner betrachtete, ihm den rechten Fuß abzuhacken.

Kaiser Wen starb, und Tschang wurde Kaiser. Pienho ließ sich mit dem Edelstein in der Hand an den Fuß des So-Gebirges tragen und weinte dort drei Tage und drei Nächte, bis alle seine Tränen versiegt waren und er Blut weinte.

Als dem Kaiser dies zu Ohren kam, schickte er Soldaten aus, die ihn fragen sollten: »Auf dieser Welt gibt es viele solche Krüppel. Warum weinst du so sehr?«

Pienho sagte: »Ich bin nicht über den Verlust meiner Füße traurig, sondern weil man den Edelstein als einen gewöhnlichen Stein bezeichnet hat und weil ein rechtschaffener Mensch als Lügner hingestellt wurde.« Der Kaiser beauftragte einen Juwelier, den Stein zu polieren, und es stellte sich heraus, daß die Behauptung Pienhos richtig war. Von da an wurde dieser Stein »der Edelstein Pienhos« genannt.

*

Die Bibel verbietet, Gott zu verteidigen. Ein Mann, der ein Kultobjekt, die heilige Bundeslade der Juden, festhalten wollte, weil er dachte, sie würde herunterfallen, fiel sofort tot zu Boden (2. Samuel 6:6,7). Der Apostel Petrus, der sein Schwert zog, um seinen Meister gegen die Menschenmenge zu verteidigen, die gekommen war, um Ihn zu verhaften, wurde von Jesus getadelt: »Stecke dein Schwert an seinen Platz. Denn wer das Schwert nimmt, der soll durchs Schwert umkommen« (Matthäus 26:52).

Wir Christen sind nicht verärgert, daß manche Menschen Atheisten sind. Und wir sind auch nicht verärgert, daß viele unserer Brüder in von Kommunisten regierten Ländern Verfolgung leiden.

Aber unsere Herzen sind gebrochen, weil die kostbare Perle des Glaubens als wertlos angesehen wird. Wir wollen diese Perle gerechtfertigt sehen. Deshalb schreibe ich diese Zeilen.

Wenn alles seinen gewohnten Gang geht, wird dieses Buch in die Sprachen kommunistischer Länder übersetzt und heimlich über deren Grenzen gebracht werden. Doch während der Atheismus die anerkannte Religion der Kommunisten ist, gibt es auch in der freien Welt einen weit verbreiteten Atheismus und Religionsfeindlichkeit. Folglich hat dieses Buch eine breite potentielle Leserschaft.

Man möge sich folgende Statistik vor Augen halten: Von 100 englischen Kindern kennen nur 34 den Anfang des Vaterunsers; 17 kennen nicht einmal diesen. Rund 40 Prozent wissen nicht, wer Jesus ist; 73 Prozent wissen nichts über das Pfingstfest. Von 340 Mädchen einer Bekenntnisschule in Nürnberg kannten 85 zwar ihr Sternzeichen, aber nur fünf kannten die Zehn Gebote. In Paris besuchen nur fünf Prozent der Bevölkerung den Gottesdienst, in London sind es ganze drei Prozent. (H. Heinz, Glaube und Ewigkeit, Wegweiser-Verlag).

Das Schlimme daran ist nicht, daß Menschen Gott nicht kennen, sondern daß sie nicht einmal Interesse daran haben, herauszufinden, ob es Ihn gibt oder nicht. Die Folge davon ist, daß die Menschheit primitiv geworden ist. Das große Gift von heute ist Gleichgültigkeit.

In einigen Teilen der Erde gibt es noch Eingeborenenstämme, die keine Vorstellung von der unmittelbaren Zukunft haben. Ein Ansteigen des Wassers interessiert sie nicht, bis die Flut ihre Hütten weggeschwemmt hat. Noch weniger Gedanken machen sie sich um Himmel oder Hölle.

Umsonst spricht man zur Maus vom Tiger. Die Maus nimmt sich ausschließlich vor Katzen in acht. In geistlicher Hinsicht gleicht der heutige Mensch sehr der Maus. Niemals zuvor war das Leben komplizierter und bedrohlicher als heute, aber man nimmt sich nicht die Zeit, sich in Ruhe hinzusetzen, darüber nachzudenken und die Probleme anzugehen.

Ein Europäer lud einmal zwei afrikanische Stammeshäuptlinge ein, ihn eine Zeitlang auf seinen Fahrten mit dem Auto zu begleiten. Am Ende des ersten Tages sagten sie zu ihm: »Mit unserem Körper sind wir zwar weit gereist, aber unsere Seele konnte nicht Schritt halten. Jetzt müssen wir ein paar Tage warten, bis uns unsere Seele wieder eingeholt hat.«

In den letzten vier oder fünf Jahrzehnten hat die Menschheit enorme Fortschritte auf technischem und wissenschaftlichem Gebiet erzielt. Es haben auch gravierende politische und wirtschaftliche Veränderungen stattgefunden. Unsere Seele aber hat sich diesen neuen Gegebenheiten noch nicht angepaßt.

Deshalb sage ich dir: »Setz dich hin, sei still und denke nach: Welche alten Werte bleiben übrig? Wie ist es um meine Seele bestellt? Gibt es Dinge, die ich verändern muß? Ist die Frage der Existenz Gottes für mich wichtig?«

Für manche Leute besteht das ideale Leben nur aus Essen, Trinken und Sex. Einige gehen über diese rein sinnliche Befriedigung hinaus. Sie genießen diese Dinge nicht nur, sondern philosophieren auch noch darüber. Das sind die materialistischen Denker. Andere gehen sogar noch einen Schritt weiter: sie philosophieren über die materialistische Philosophie und leben in dem Glauben, daß die Wirklichkeit mehr ist als Materie.

Die Bibel sagt, daß in Gadara einmal Tausende von Schweinen, von Dämonen besessen, wild zum See hinunter rannten und ertranken. Die Legende setzt hinzu: Ein einziges Schwein überlebte. Es hatte einen Augenblick gezögert und sich gefragt: »Warum renne ich eigentlich? Was habe ich im See zu schaffen? Werde ich nicht dabei ertrinken?«

Ich bitte alle Atheisten für einen Augenblick innezuhalten und sich zu fragen: »Was soll das ganze Leugnen? Täusche ich mich vielleicht? Wäre es nicht besser, in aller Ruhe über die Möglichkeit einer anderen Wirklichkeit nachzudenken, die über die reine Materie hinausgeht?«

Auf jeden Fall müssen sich Materialisten – unabhängig von ihrer Einstellung zu Gott – fragen, an was für materielle Dinge sie wirklich glauben.

Farbe ist beispielsweise weder in Dingen noch im Auge des Betrachters. Farbe wird sichtbar, wenn das wahrnehmende Auge auf zum Beispiel rot erzeugende Schwingungen reagiert. Dasselbe trifft auf andere Eigenschaften materieller Objekte zu. Wenn man sich über Materie intensiv Gedanken macht, gleitet sie einem durch die Finger. Wir müssen höher hinauf gehen als zur Materie, nämlich zum Schöpfer.

Wenn wir den menschlichen Geist wahrnehmen können, können wir in gewissem Maße auch das fassen, was über ihm steht. Der menschliche Geist steht über dem bloßen Berühren, Schmecken, Riechen oder Sehen. Er wird durch seine Handlungsweise wahrgenommen. Da das Universum voller Aktionen nichtmenschlichen Ursprungs ist, wollen wir uns emporschwingen. Zu einem höheren Geist.

*

Lenin hat einmal geschrieben: »Alle bestehenden Religionen und Kirchen sowie alle religiösen Organisationen betrachtet der Marxismus als Organe der bourgeoisen Reaktionäre, die zur Verteidigung der Ausbeutung und Narkotisierung der Arbeiterklasse dienen.«

Nach über sechzig Jahren kommunistischer Revolution gibt es in Rußland noch immer Religionsgemeinschaften und Kirchen. Wem dienen sie heute?

Rußland kann nicht mehr mit dem Finger auf Reaktionäre zeigen; diese sind alle erschossen worden. Antisozialismus und die Ausbeutung der Arbeiterklasse sind doch wohl schon längst von den marxistischen »Befreiern« und »Wohltätern« ausgemerzt worden. Woher kommt dann das nach wie vor bestehende Interesse an der Religion? Wer – außer den »Organen der bourgeoisen Reaktion« – unterstützt Kirchen und religiöse Organisationen? Wer steckt hinter der Religion?

Könnte es die Wirklichkeit Gottes sein?

*

Atheisten sagen: »Was soll der ganze Streit? Wenn es einen Gott gibt, kann Er sich sicher offenbaren. Niemand kann beispielsweise die Existenz des amerikanischen Präsidenten in Frage stellen, weil jeder ihn im Fernsehen sehen und hören kann. Wer könnte die Existenz Gottes leugnen, wenn Gott sich so eindeutig wie der Präsident zeigen würde?«

Der Autor dieses Buches hat viele Jahre in kommunistischen Gefängnissen verbracht. Ich kann meine Erfahrungen Menschen, die noch nie im Gefängnis gewesen sind, geschweige denn unter so furchtbaren Umständen, nicht nahebringen. Sogar der Holocaust des Nationalsozialismus wird trotz aller Beweise bestritten, weil Menschen die Last nicht tragen können, daß sie einer so kriminellen Rasse angehören. Lenin sagte richtig, daß Menschen selbst die Tatsache in Frage stellen würden, daß zwei und zwei vier ist, wenn sie tiefen Leidenschaften und dringlichen Interessen widersprechen würde. Laßt uns aufrichtig sein! Wenn die Anerkennung der Existenz Gottes als Folge haben müßte, daß man eine geschätzte Lebensweise aufgibt, würden viele genügend Ausreden finden, seine Wirklichkeit zu verneinen, selbst wenn Er wie ein amerikanischer Präsident im Fernsehen auftreten würde.

Jedenfalls ist die Frage, warum sich Gott offenbart oder nicht, zweitrangig. Die große Frage ist, ob es Ihn gibt oder nicht. Wir Menschen und alles, was uns umgibt, bestehen aus Mesonen, Elektronen und Leptonen. Sie bildeten unser Leben und das unserer Vorfahren, obwohl niemand um ihre Existenz wußte. Sie zeigten sich uns nicht, sie verheimlichten sich vor uns. Offensichtlich widerlegt die Verborgenheit einer Realität deren Existenz nicht.

Gibt es einen Gott oder nicht?

*

Es spricht vieles dafür, überhaupt nicht über die Wahrheit zu diskutieren.

Als Newton seine neue Lichttheorie bekanntgab, disputierten alle Physiker mit ihm. Newton wurde dessen überdrüssig und schrieb an Leibnitz: »Ich bin so von Diskussionen verfolgt worden, die in Zusammenhang mit der Veröffentlichung der Lichttheorie entbrannten, daß ich meiner Unüberlegtheit die Schuld gab, eine so kostbare Gnade wie meine Ruhe aufgegeben zu haben, um hinter einem Schatten herzurennen.« Von da an lehnte er es ab, sich in Diskussionen einzulassen. Aber Gott denkt anders als Newton. Er hat mit Sicherheit nichts gegen eine Diskussion zwischen Seinen Getreuen und den Atheisten einzuwenden.

Atheisten wollen von Gott nichts wissen, aber Gott ist toleranter gewesen. Er hat nicht nur zugelassen, daß es den Atheismus gibt, sondern Er hat auch wie ein liebender, nachsichtiger Vater zugelassen, daß Atheisten mit guten Argumenten für ihre Anschauung aufkamen.

So ist es geschehen, daß der Theologe des 13. Jahrhunderts, Thomas von Aquin, der das intellektuelle Rüstzeug des Atheismus kannte, in seiner »Summa theologica« zunächst die besten Argumente gegen christliche Postulate anführte. Nachdem er alle Gerechtigkeit gegenüber seinen philosophischen Gegnern hatte walten lassen, brachte er alle seine eigenen Argumente für die Wahrheit der Religion. (Anselm von Canterbury ging ähnlich vor). Seit jener Zeit haben atheistische Philosophen Bücher gegen die Religion geschrieben, wobei sie diese vom heiligen Thomas angeführten antitheistischen Argumente kopierten.

*

Gläubige, die bestreiten, daß Atheisten stichhaltige Argumente haben können, sollten ihre Unwissenheit nicht offen an den Tag legen. Der Gott, der Löwen Stärke gab und Tigern List, obwohl Er wußte, daß einige von ihnen Seine Kinder verschlingen könnten, gab Atheisten Raum für Zweifel sowie ganz gute Argumente für ihre Anschauung. Wir lassen diese Argumente gelten.

Die Jain-Philosophen in Indien haben einige. In ihrem heiligen Buch »Mahapurana« steht geschrieben:

»Wenn Gott vollkommen ist, strebt Er nicht die Ziele der Menschen an (Gerechtigkeit, Profit oder Vergnügen). Welchen anderen Zweck hatte Er, das Universum zu erschaffen? Wenn man sagt, er habe es ohne Ziel erschaffen, weil es Seine Natur gewesen sei, so zu handeln, dann ist Gott bedeutungslos. Wenn Er es zum Zeitvertreib erschaffen hat, war es das Spiel eines dummen Kindes. Wenn Er die Welt aus Liebe zu Lebendigem erschaffen hat, oder weil Er dessen bedurfte, warum hat Er dann die Schöpfung nicht ganz glückselig und frei von Unheil gemacht? Gott begeht eine große Sünde, wenn Er die Kinder abschlachtet, die Er selbst erschaffen hat. Wenn man sagt, daß Er nur deshalb töte, um böse Geschöpfe zu vernichten, warum hat Er dann überhaupt solche Geschöpfe erschaffen?«

Niemand weiß, warum die Schöpfung entstanden ist, und warum das Universum sowohl aus Materie als auch Geist besteht.

Atheisten *und* Gläubige wissen auf viele Fragen keine Antwort.

Wir brauchen gar nicht so weit zu gehen wie zum Jainismus, um solche Fragen gestellt zu bekommen. Der heilige Paulus stellt die erschreckende Frage: »Ist Gott nicht ungerecht?« (Römer 3:5.)

Wenn ein Apostel Christi eine solche Frage stellen konnte, werden wir nicht den Zeigefinger anklagend gegen Atheisten erheben. Selbst das II. Vatikanische Konzil erklärte, daß es einen unschuldigen Atheismus gibt, der das Heil nicht ausschließe.

Unser Verstand ist eine tätige Demokratie, da kein Verstand nur auf eine einzige Stimme hört. Warum sollte es in Sachen Religion nur die Stimme des Glaubens geben?

Ich selbst war ursprünglich Atheist. Später wurde ich Christ. Was für ein gläubiger Mensch wäre ich, wenn ich kein Verständnis für diejenigen hätte, die ihrer ersten Liebe, dem Atheismus treu geblieben sind, während ich mich von ihm losgesagt habe?

Wenn es einen Gott gibt, muß die Phantasie Teil Seiner Schöpfung sein. Die Phantasie, ein erlaubter Spielraum, kann sich ohne weiteres eine aus Wirbelwinden von Atomen entstandene Welt vorstellen, aus denen zuerst der Affe und dann der Mensch hervorgingen. Sie kann auch die Wirklichkeit Gottes leugnen.

Wir können Atheisten nicht verurteilen, weil es auch bei Gläubigen Unglauben gibt. In allen Menschen sind die Wurzeln der Sünde ständig vorhanden.

Doch so wie es Unglauben bei Gläubigen gibt, gibt es auch Glauben bei Atheisten.

Marxistische Atheisten haben die dialektische Denkweise. Der Durchschnittsverstand kann nur logisch denken: »A ist A«, was bedeutet, »A ist nicht B. A ist entweder A oder nicht A. Eine dritte Möglichkeit ist ausgeschlossen.« Die Dialektik sagt das Gegenteil: »Alle Dinge sind gegenseitige Durchdringungen von Widersprüchen.« »Leben bedeutet sterben.« »Atheist zu sein bedeutet, so mit Gott beschäftigt zu sein, daß man selbst Seine Existenz verneinen muß, um geistigen Frieden zu haben. Einen gelassenen Atheisten gibt es nicht.«

Ich gehe nicht umher und sage: »Ich habe keine Million Dollar auf der Bank«, weil eine solche Verneinung keinem Zweck dienlich sein würde. Warum sollte sich aber jemand die Mühe machen, alle davon zu überzeugen, daß es keinen Gott gibt, wenn er nicht von Zweifeln geplagt wird, ob Gott nicht doch existiert?

Andererseits gestehen wir ein, daß ein gläubiger Mensch zu sein bedeutet, in sich selbst einen solchen Hang zu Zweifeln zu erkennen, daß der Glaube an Gott ständig betont und gestärkt werden muß.

Engels hat einmal geschrieben, daß selbst der konsequenteste Christ den Samen dessen in sich trägt, was ihn in seiner Entwicklung zum Atheismus führen könnte. Das trifft zu, wenn wir auch das Gegenteil akzeptieren: daß jeder Atheist ein potentieller Gläubiger ist.

In diesem Zusammenhang erinnern wir uns an die Beobachtung des heiligen Franz Xavier: »Ziemlich viele Menschen werden deswegen nicht Christen, weil einfach niemand da ist, der sie zu Christen macht.« Papst Johannes Paul II. fügte hinzu: »Ich spüre oft den Drang, in den Hochschulen Europas umherzulaufen und zu rufen und diejenigen, die mehr Gelehrsamkeit als Nächstenliebe besitzen, mit den Worten anzusprechen: ›Oh, wie groß ist die Zahl von Seelen, die durch eure Schuld vom Himmel ausgeschlossen sind!‹«

*

Viele werden aufgrund der zahlreichen unbeantworteten Fragen zu Atheisten.

Die Menschheit ist vom Jagen mit Pfeil und Bogen und vom Töten mit einem Stein zum Vernichten mit einer Atombombe übergangen. Wo ist Gott in diesem Bild? Sartre scheint recht zu haben, wenn er die Beobachtung macht, daß »die Geschichte voranschreitet, ohne um sich selbst zu wissen«, sonst hätte sie diesen blutigen Weg nicht eingeschlagen.

Die Bibel sagt, daß Gott kein Unrecht sehen kann. Wie kann Er dann den Anblick dieser schlechten Welt ertragen und sie in ihrer Schlechtigkeit weitermachen lassen?

Des weiteren sagt die Bibel, daß kein Mensch lebend Gott schauen kann (2. Mose 33:20). Doch sie vervollständigt diesen Gedanken ein paar Verse weiter unten, indem sie sagt, daß wir nur Seine Rückseite sehen können (Vers 23). Während die Zukunft für uns ein Rätsel bleibt, können wir Ihn nur in vergangenen Ereignissen sehen.

Christen glauben, daß am Ende der Geschichte ein Licht scheinen wird, das alles Vergangene erhellt. Doch der vor uns liegende Weg ist schwer und die Antwort liegt in weiter Ferne. Die Dunkelheit von heute läßt den Atheismus nicht nur in kommunistischen Ländern entstehen, sondern auch in vielen Teilen der westlichen Welt.

Wenn es in der Heiligen Schrift heißt, daß Gott Jona von einem Fisch verschlingen ließ (Jona 2,1), könnte Er vielleicht auch diese große Flut des Atheismus vorbereitet haben, die so viele Menschen verschlingt?

Atheisten bemerken, daß Christen beten: »Dein Reich komme.« Der gewöhnliche Mensch kann nicht ermessen, wie schrecklich es für einen König sein muß, ohne ein Königreich zu sein.

Wie viele Menschen scharen sich um die entthronten Könige Rumäniens, Bulgariens, Griechenlands oder des Iran? Warum sollen wir uns da wundern, daß Gott nicht mehr Anhänger hat? Es ist vielmehr ein Wunder, daß Er überhaupt so viele Ihn Liebende hat! Er ist der einzige König ohne Königreich, den Millionen Menschen preisen und anbeten.

Da Er ein König ohne Königreich ist – zumindest eines in dieser Welt sichtbaren Königreiches –, bedeutet das Mit-Gott-Sein anscheinend, daß man vieler Freuden beraubt ist.

Im Gleichnis vom verlorenen Sohn erzählt Jesus von einem jungen Mann, der vom rechten Weg abkam und dann wieder in sein Vaterhaus zurückkehrte. Voller Freude ließ der Vater Musikanten kommen und aus diesem Anlaß ein Fest geben. Als der ältere Bruder des verlorenen Sohnes von der Arbeit kam und die Musik hörte, erkundigte er sich nach dem Grund. Musik war in seines Vaters Haus selten zu hören.

Musik ist auch in unserem Vaterhaus selten. Die Ihm treu sind, stöhnen unter ihrem schweren Kreuz. Können wir jemandem Vorwürfe machen, der den Weg schweren Leidens meidet und den von Glück und Freude vorzieht? Nachtigallen und Lerchen möchten lieber singen.

Nicht für jede atheistische Einstellung trägt der Atheist die Schuld.

Niemand tritt einem Glauben bei. Man schließt sich dem Gläubigen an. Wenn Menschen unseren Glauben nicht annehmen, könnte dies auch daran liegen, daß die Christen selbst ihn nicht *praktizieren.*

Von Jesus steht geschrieben, daß Er Gottes Ebenbild ist (Hebräer 1:3), doch Er entäußerte sich dessen (Philipper 2:7). Christen beten, daß Sein Name geheiligt werde, weil Er selbst nicht genug um Seinen guten Ruf bedacht zu sein scheint. Da Er sich erniedrigt, kann man es Atheisten in gewissem Sinne nicht verübeln, wenn sie in Ihm nicht den König erkennen.

Aber nicht nur Gott ist schwierig zu verstehen. Die ganze Wirklichkeit ist unfaßbar. Ein Atom ist ein Rätsel, desgleichen eine Pflanze, ein Mensch, ein Talent.

Christen opfern für Christus ihren Intellekt, wie sie ihre Zeit, ihr Geld, ihr Leben opfern. Sie sind ohne Begierde. Sie sind mit dem zufrieden, was sie verstehen können. Bezüglich dcs Rests begnügen sie sich damit, das Geheimnis als Geheimnis anzunehmen.

*

Der Atheismus hat seine guten Gründe. Doch die Menschen entwickeln viele Arten, mit der Wirklichkeit umzugehen. Die Religion dürfte ebenfalls einige gute Gründe haben. Willst du sie nicht in Betracht ziehen?

Wenn nicht, dann nimm bitte zur Kenntnis, daß wir bereit sind, deinen Mut zu würdigen, besonders wenn du in einer christlichen Umgebung lebst.

In einer Ansprache vor Schülern führte ein Bischof einmal folgendes Beispiel für sittlichen Mut an: »Ein Junge, der vor allen anderen im Schlafsaal niederkniet und betet, ehe er zu Bett geht.« Sodann fragte er die Jungen, ob sie sich noch ein anderes Beispiel vorstellen könnten. »Ja«, piepste da eine Stimme. »Ein Bischof, der in einem Schlafsaal voller Bischöfe in sein Bett hüpft, ohne vorher zu beten.«

Atheisten sollten andererseits gewillt sein, den Mut von Gläubigen anzuerkennen.

*

Ein aus Uganda zurückgekehrter Missionar erzählte folgende Geschichte:

Seine Kirche veranstaltete einen Bazar. Doch anstatt die Geschenke zuvor zu Dekorationszwecken abzugeben, brachten die Gläubigen sie erst am Sonntagmorgen. Als der Gottesdienst aus war, und der Missionar den Berg von Geschenken betrachtete, glaubte er, etwas zu hören. Er schaute das Kirchenschiff hinunter und erblickte ein kleines afrikanisches Mädchen.

Der Missionar fragte: »Möchtest du mich sprechen?« Sehr scheu trat das kleine Mädchen vor und sagte: »Bitte, ich möchte auch etwas geben!« Daraufhin zog es eine Tasche unter seiner armseligen Kleidung hervor, öffnete sie und holte eine Handvoll Silber und Gold nach der anderen heraus, bis sich ein ganzer Silberberg auf dem Tisch angesammelt hatte, der mehr wert war als all die anderen Geschenke zusammen.

Der Missionar sagte: »Das hättest du nicht tun sollen. Sag uns, woher du das Geld hast, und wir werden es zurückbringen!«

Da brach das Kind in Tränen aus. »Es gehört alles mir.« Der Missionar rief aus: »Das kann doch nicht *dein* Geld sein. Dazu bist du viel zu arm.«

Es stellte sich heraus: Das Mädchen hatte sich als Sklavin verkauft, um der Kirche Geld zu spenden.

Selbstaufopfernd wie Gott zu werden, so zu werden, wie Gott wäre, wenn es Ihn gäbe, ist ein ausgezeichneter Weg, Gott zu finden. Das hat der Rabbi empfohlen. Hast du es je versucht?

*

Der atheistische Standpunkt läßt eine Frage offen, eine Frage, die sich im Jahre 625 n. Chr. König Eduard von Northumberland stellte: Soll er die Predigten der ersten Missionare, die auf die britischen Inseln kamen, annehmen oder nicht.

Ein Edelmann schlug vor: »Das Leben ist wie ein Festsaal, in dem du und deine Knappen zu Tisch sitzen. Es ist Winter, und draußen heulen die Sturmwinde. Drinnen aber ist es warm. Ein Spatz fliegt durch eine Öffnung herein, durchquert den ganzen behaglichen Saal und fliegt dann durch eine andere Öffnung wieder hinaus. Wie der Spatz finden wir das Leben innerhalb des Festsaales erträglich, aber wir wissen nicht, was vorausgeht und was noch folgt. Wenn die neue Lehre uns das sagen kann, sollte man sie befolgen.«

Das Christentum wurde angenommen, weil es die Antwort darauf hat.

Der Wissenschaftler John Haldane äußerte einmal gegenüber einem christlichen Geistlichen, daß es in einem Universum, welches Millionen Planeten umfasse, unvermeidbar sei, daß auf einem von ihnen zufällig Leben entstehe.

»Mein Herr«, sagte da der Geistliche, »wenn die Polizei eine Leiche in Ihrem Auto fände, würde sie sich sagen: ›Es gibt Millionen Wagen auf der Welt. – In einem von ihnen muß mit Sicherheit eine Leiche liegen?‹ Ich meine, Sie würden wissen wollen, wer sie ins Auto gelegt hat.«

*

Hitler behauptete von sich, religiös zu sein. In seinem Buch sagte er, er habe den Kampf des Herrn geführt. Er sagte auch: »Ich gehe den Weg, den die Vorsehung diktiert, mit der Sicherheit eines Schlafwandlers.«

Goebbels, Hitlers Adjutant, war sich auch sicher. In seinem Tagebuch schrieb er am 21. Juli 1926: »Der Jude ist wahrhaftig der Antichrist der Weltgeschichte.« Er glaubte, er sei Gottes Krieger, wenn er Juden ermorde.

Hitler war weder der erste noch der letzte, der im Namen Gottes tötete. Man denke nur an Ayatollah Khomeini im Iran. Zur Zeit der Inquisition starben viele den Märtyrertod auf dem Scheiterhaufen für Gott. Aber diejenigen, die sie verbrannten, waren ebenso überzeugt wie die Märtyrer, daß sie Gott dienten.

Was ein fanatischer religiöser Mörder unter dem Begriff »Gott« versteht, und die Gefühle, die dieser Begriff in ihm wachruft, unterscheiden sich mit Sicherheit sehr von den Empfindungen eines wahren, liebenden und demütigen Gläubigen.

Die Vorstellung von einem Gott, der parteiisch ist, ist nicht richtig. Keine Nation, Klasse, Partei oder Religion darf behaupten »Gott ist mit uns«, sofern das bedeutet, daß Er gegen alle anderen ist.

Es ist nicht verwunderlich, daß viele zum Zeichen der Auflehnung gegen falsche Gottesvorstellungen Atheisten geworden sind.

Die Bibel spricht manchmal in Rätseln wie die »Koane«, über die die Jünger des Zenbuddhismus nachdenken müssen. Der Apostel Paulus fragt beispielsweise: »Ist Gott für uns, wer mag wider uns sein?« (Römer 8:31).

In der Regel wird die Antwort gegeben: »Niemand.« Doch alle Erfahrungen der Kinder Gottes widersprechen dieser simplen Antwort. Viele bekämpfen erbittert jene, die sich mit Gott vereinigen.

Die Antwort: »Niemand kann gegen uns sein«, ist daher falsch. Die Fragestellung ist falsch, und es kann daher keine korrekte Antwort darauf geben, so wie es keine korrekte Antwort auf die Frage geben kann: »Welche zwei geraden Zahlen ergeben zusammen 19?« Die Frage ist falsch.

Gott ist nicht parteiisch. Er kann nicht auf »unserer« Seite stehen. Er kann nicht ein nationaler, konfessioneller oder rassistischer Gott sein. Wenn ein Geschöpf auf einem negativen Teilchen innerhalb des Atoms leben könnte, würde es zweifellos an Ihn als an einen negativen Gott denken. Vielleicht leben Atheisten in gewissem Sinne in einer negativen geistlichen Sphäre und sehen deshalb Gott mit einem Minuszeichen vor Seinem Namen.

Gott erhält sowohl Löwen als auch Schafe. Er läßt Seine Sonne über den Guten und den Bösen aufgehen, und Er schickt den Gerechten und den Ungerechten Regen (Matthäus 5:45). Er ist kein parteiischer Gott, und Er will nicht, daß ich parteiisch sei. In jedem Konflikt lehrt Er mich, mich mit den Siegreichen zu freuen und mit den Besiegten zu weinen. Der Apostel Jakobus sagt: »Die Weisheit, die von oben kommt, ist . . . unparteiisch« (Jakobus 3:17).

Gottes Barmherzigkeit beschränkt sich nicht auf die Grenzen einer sozialen Gruppe. Sie beschränkt sich auch nicht auf die Grenzen der Kirche. Ein Atheist ist von ihr nicht ausgeschlossen. Wer Wahrheit sucht, sucht Gott, ob er es weiß oder nicht.

Der Atheismus eines Menschen kann *sein* Weg zu Gott sein. Falsche Gedanken sind oft ein Weg zur Wahrheit. Einstein sagte, daß 99 Prozent seiner Gedanken falsch gewesen seien. Die Suche nach Wahrheit ist wie ein Filtrieren. Viele Gedanken müssen durch das Sieb, bis der richtige übrigbleibt.

Neosalvarsan, die Arznei gegen Syphilis, nannte man Arzneimittel 606, weil 605 erfolglose Experimente vonnöten waren, bis man es entdeckte. Fehler waren somit ein Weg, der zur Wahrheit führte.

Auch der Atheismus kann für viele ein notwendiges Sprungbrett in Richtung Wahrheit sein. Jeder Kalendertag umfaßt nicht nur Licht, sondern auch Dunkelheit. »Gott nannte das Licht Tag und die Finsternis Nacht. Da ward aus Abend und Morgen der erste Tag.« Der Morgen ohne die vorangegangene Nacht ist nicht ein Tag.

Die Nacht hat ihren Platz in der Natur, und der Atheismus hat seinen Platz in einer sündigen Welt. Vieles von seiner Religionskritik ist zutreffend. Leider führt der Glaube nicht immer zum Guten. Der Glaube an Gott hängt von der jeweiligen Vorstellung von Gott ab.

Die falsche Vorstellung von einem parteiischen, unnahbaren und ausschließenden Gott ist von vielen nicht anerkannt worden, die als Reaktion darauf beschließen, einen solchen Gott zu verneinen. Sie nennen sich Atheisten.

*

Auch die biblischen Vorstellungen von Gott stellen nicht alle Menschen von heute zufrieden. In der Heiligen Schrift sind Vorstellungen von Gott enthalten, die nur für einen kleinen Teil der Gesellschaft annehmbar sind. Je mehr man sich in die Bibel vertieft, um so größer werden tatsächlich die Schwierigkeiten.

Die Richter Jesu konnten sich auf die gegen Ihn aussagenden Zeugen nicht verlassen, weil sie in einigen Details unterschiedlicher Meinung waren. Aber auch kein einziger Seiner Chronisten sagt die ganze Wahrheit und nichts als die Wahrheit.

Der heilige Paulus gibt offen zu, daß er die Wahrheit seiner Zuhörerschaft anpaßt: Den Juden ist er wie ein Jude, und denen, die ohne Gesetz sind, wie einer, der ohne Gesetz ist (1. Korinther 9:20,21). Er gesteht auch, daß er unterschiedliche Dosen von Wahrheit verabreicht: geistliche Milch für die einen und kerniges Fleisch für die anderen.

Wenn man sich mit der Heiligen Schrift in ihren Originalsprachen beschäftigt, nehmen die Schwierigkeiten zu. Gott wird »kadosh« – heilig – genannt. Im Hebräischen bedeutet dieses Wort jedoch auch »lasterhaft.« Gott eignet sich eine zweideutige Bezeichnung zu.

Er mag vielleicht einen guten Grund dafür haben; nämlich um zu zeigen, daß Er sich in Seiner Barmherzigkeit mit den schlechtesten Menschen identifiziert, und daß sie Zugang zu Ihm haben können.

Doch das vereinfacht es für einen Atheisten nicht, Ihn anzunehmen.

Was soll ein Mensch, der den Frieden liebt, mit einem Seiner Namen »Herr der Heerscharen« oder einfacher »Gott der Heere« anfangen? Im Hebräischen lauten die Worte: »Gott – die Heere.«

Was soll einer, der die Tugend liebt, mit der Tatsache anfangen, daß Männer wie David und Jehu in der Bibel gepriesen werden, die weit davon entfernt waren, Beispiele für Tugendhaftigkeit zu sein?

Im Alten Testament, das ja zur Zeit Christi die ganze Bibel war, ist vieles nicht einfach zu verstehen. Warum waren Tieropfer nötig? Warum beschloß Gott nach dem Sündenfall von Adam und Eva, sie in Felle zu kleiden? Warum wurde Abels Opfer – ein unschuldiges Lamm – von Gott angenommen und Kains Opfer der Früchte des Feldes abgelehnt? Warum war es viele Jahrhunderte später, als die jüdischen Sklaven sich anschickten, Ägypten zu verlassen, notwendig, das Blut eines Lammes auf die Türschwellen und Türpfosten zu streichen, um gerettet zu werden?

Außerdem lesen wir, daß Gott Dürren und Hungersnöte über das Land kommen ließ. Einmal schickte Er einen Todesengel, der in einer Nacht im assyrischen Heer 185.000 Mann erschlug.

Als die Israeliten unter der Führung Josuas, der von Gott zu Moses Nachfolger bestimmt worden war, in das Land Kanaan zogen, wurde ihnen befohlen, nicht nur Männer und Frauen zu töten, sondern auch Kinder.

Als ich die Geschichten von Josua meinem sechsjährigen Sohn vorlas, meinte dieser: »Gott hat diese Dinge befohlen, ehe Er Christus wurde.«

Wir mögen vielleicht über diese Erklärung eines Kindes lachen, aber es gab eine Zeit, da Gott Grausamkeit zugeschrieben wurde – im Gegensatz zu Christus, der Seine Liebe offenbarte. Warum dieser Unterschied?

Um das Ganze noch mehr zu komplizieren, hat die Kirche in ihr Arsenal der Wahrheit noch andere Dinge aufgenommen, wie Kardinal Newman selbst schreibt: »Die Benutzung von Kirchengebäuden, und diese wiederum bestimmten Heiligen geweiht und zeitweilig mit Baumzweigen geschmückt, Weihrauch, Lampen und Kerzen, Votivgaben bei Genesung von einer Krankheit, Weihwasser, Zufluchtsstätten, Feiertage und Kirchenjahr, die Benutzung von Kalendern, Prozessionen, Wettersegen, Meßgewänder, die Tonsur, der Ring bei der Eheschließung, das Sich-nach-Osten-Wenden, spätere Bildnisse, vielleicht der Kirchengesang und Kyrieeleison, sind samt und sonders heidnischen Ursprungs und durch ihre Aufnahme in die Kirche abgesegnet worden.«

Wir geben somit zu, daß es für einen Atheisten nicht leicht ist, zu Gott zu kommen. Wir können den Atheisten gut verstehen. Er ist nicht allein, wenn er sich schwierige Fragen in bezug auf Gott stellt. Gläubige und sogar Heilige haben weit mehr über Ihn gefragt, als Atheisten dies jemals tun.

Die heilige Theresa von Avila, eine der hingebungsvollsten Lehrerinnen der christlichen Kirche, die das viele Leid beobachtete, welches dem Gläubigen widerfährt, sagte: »Oh, mein Herr, wie wahr ist es doch, wenn man sagt, daß du, sobald dir jemand einen Dienst erweist, ihn mit großer Drangsal belohnst.« Hiob und David beklagten sich bei Gott wegen ähnlicher Ungerechtigkeiten.

Christen wissen etwas Besseres, als zu behaupten, sie hätten alle Antworten und das ganze Licht. Sie geben nicht nur das Vorhandensein von Licht und Finsternis zu, sondern auch das von Zwielicht. Wenn Jesus davon spricht, »voll des Lichtes« zu sein, meint Er damit lediglich »den hellen Schein einer Kerze« (Lukas 11:33), und nicht starke Scheinwerfer oder Laserstrahlen.

Das Christentum steht unter Dauerstress, bedingt durch ungelöste Probleme. Jeder Christ ist ein Kreuzträger. Wenn er kein anderes Kreuz zu tragen hat, erträgt er quälende Fragen, die bis zu seinem letzten Atemzug eine Last für ihn sind. Was das Ganze noch schwieriger macht, ist der Umstand, daß er nicht einmal jetzt nach einer Antwort sucht, da er weiß, daß die Antworten außerhalb dieser Welt liegen.

*

Als Kaiphas, der Hohepriester und Richter Jesu, mit Zeugen konfrontiert wurde, die sich gegenseitig widersprachen, besaß er die Weisheit, Jesus direkt zu fragen. Das ist auch die einzige Lösung unserer Probleme. Jesus lebt heute, und man kann Ihn fragen. Stelle deine Fragen Ihm direkt! Ich habe das so gemacht und eine erstaunliche Antwort bekommen:

Es ist offensichtlich, daß es Gott nicht gibt. Wie könnte ein liebender und allmächtiger Gott die Auschwitz- und Gulag-Vernichtungslager anordnen oder gar zulassen? Man gelangt jedoch nur dann zur Wahrheit, wenn man das Offensichtliche aufgibt. Es ist offensichtlich, daß die Erde sich um die Sonne dreht. Die ganzen Erfahrungen der Menschheit bestätigen diese »Tatsache«. Wir haben die Wahrheit jedoch nur entdeckt, indem wir das Offensichtliche in Frage stellten. Es ist auch offensichtlich, daß wir in einer materiellen Welt leben. Die Wahrheit ist, daß wir in einem leeren Raum leben, in dem Elementarteilchen umherschwirren, die, im Verhältnis zu ihrer Größe, so weit voneinander entfernt sind wie die Erde von der Sonne.

»Es mag daher offensichtlich sein, daß es Gott nicht geben kann, aber suche die Wahrheit außerhalb des Offensichtlichen.«

*

An diesem Punkt sollte es klar geworden sein, daß ich so manches Argument gebracht habe, das Atheisten nie anführen. Ich habe das aus einem Übermaß an Liebe für sie getan. Die Wahrheit ist, daß die meisten Atheisten überhaupt kein Argument haben.

Jonathan Swift hat geschrieben: »Es ist sinnlos, wenn wir versuchen, mit logischen Gründen einen Menschen aus einer Sache herauszuziehen, in die er sich nie hineingedacht hat.« Deshalb werde ich alle oben aufgeführten atheistischen Argumente nicht beantworten.

Es könnte den Anschein haben, daß manche Menschen zufällig Atheisten sind, so wie andere zufällig Gläubige sind. Tatsächlich sind Atheisten oft nicht einmal so sehr Gottesleugner als vielmehr Menschen, die sich von Gott verleugnet fühlen. Sie suchen dann Vernunftgründe für ihre tragische Situation.

Sie sind wie der Fuchs in Äsops Fabel, der, als er die Trauben betrachtet, die er nicht erreichen kann, zu dem Schluß kommt: »Sie sind sicher sauer. Ich will sie gar nicht haben.« Viele leugnen Gott, weil sie Ihn nicht erreichen können.

Und so werde ich einfach sagen, daß es Gott gibt. Wir müssen das wegen der Armut der menschlichen Sprache wiederholen, obgleich wir erkennen, daß es eine Tautologie ist, wenn man sagt: »Gott existiert.« Im Worte »Gott« ist bereits »Existenz« miteinbegriffen.

Simone Weil, die tiefgründige jüdisch-christliche Schriftstellerin, hat gesagt: »Wenn auf einer völlig von der übrigen Welt abgeschnittenen Insel nur Blinde leben würden, wäre Licht für sie dasselbe wie das Übernatürliche für uns. Licht wäre nichts für sie. In ihrer Physik würde es keinen Raum für die Lichttheorie geben, und trotzdem würde diese Physik die ihnen zugängliche Welt gänzlich erklären. Licht schlägt nicht, ist nicht schwer und kann nicht gegessen werden. Für sie würde Licht schlichtweg nicht existieren.«

Doch ob die Blinden das Licht nun erkennen oder nicht, das Licht macht es, daß Pflanzen und Bäume, trotz des Gesetzes der Schwerkraft, in die Höhe wachsen. Ohne Licht würden wir nichts zu essen haben.

Im Kino kann man alle Arten von Ereignissen stundenlang auf der Leinwand verfolgen. Wenn plötzlich das Licht ausfällt, gibt es keine Ereignisse mehr. Obwohl das Licht mit dem Filmgeschehen nichts zu tun haben mag, gibt es ohne Licht keine Handlung.

Blinde haben nur vier Sinne anstatt fünf wie andere Menschen. Könnte einem Atheisten nicht ein Sinn fehlen, den Gläubige besitzen? Für den Blinden würde Licht dem Reich der Metaphysik angehören. Für einen Atheisten ist der Glaube an die Existenz Gottes, der für Christen so natürlich ist wie der Glaube an die Existenz alles anderen, gleichfalls eine metaphysische Vorstellung.

Gläubige betrachten Gott nicht als eine Art Versicherungsgesellschaft, die ihnen Sicherheiten gegen die Mißgeschicke des Lebens anbietet. Er bietet vielmehr die Herausforderung, Ihn in Liebe und Selbstaufopferung nachzuahmen.

Er ist weder ein Allheilmittel gegen alles Böse noch der Löser aller Probleme. Er, der die Liebe und die Wahrheit ist, beruft Menschen zu dem großen Abenteuer, die Gipfel zu erklimmen und andere zu erheben. Die Religion fordert einen auf, zu kämpfen und zu opfern. Religion, die nicht das Tragische mit einschließt, ist nicht Religion.

Manche Menschen sind Atheisten, weil viele Christen ihre Religion nicht auf rechte Weise gelebt haben. Jemand kann sich als Atheist betrachten, obwohl er in Wirklichkeit beispielsweise durch die Absolutheit, mit der er sich der Forderung von Sittlichkeit beugt, oder durch seine Liebe und Hingabe gegenüber den Armen Gott bestätigt, während angebliche Gläubige Gott in ihrer Lebensweise leugnen.

*

Nach all diesen Ausführungen fordern wir die Atheisten auf, ihre kleinen Egos beiseite zu legen, wenn sie die Wahrheit erkennen wollen. Das Ich hat keinen Platz bei der Suche nach Wahrheit.

Welcher Krankheitskeim würde sich – wenn er denken könnte – mit Pasteur verbünden? Er würde ihn für einen Hitler halten. Wenn dieser Krankheitskeim aber erkennen könnte, daß seine Benützung bei Tierversuchen und seine Vernichtung nötig sind, um eine bessere Welt zu schaffen, die über seine Erfahrungen hinausgeht, würde er vielleicht bereitwillig sein Schicksal aufnehmen.

Was, wenn unser Leiden ein Opfer ist, das für eine höhere Sache notwendig ist? Noch besser – was, wenn unser irdisches Leiden in dieser armseligen Welt uns befähigt, all die Freuden und Vorteile dieses Opfers in einer jenseitigen Existenz zu erkennen, der wir durch sie teilhaftig werden?

So kann ich einen Gott verstehen und Ihn nicht nur in Seinem Schöpfungswerk anbeten, sondern auch in Seinem Zerstörungswerk. Wir beten Ihn als den Einen an, der tötet und Leben spendet (1. Samuel 2:6), der zerstört und aufbaut, und zwar in dem Prozeß der Errichtung Seines ewigen und glorreichen Königreiches, an dem wir Gläubige, die wir heute leiden müssen, eines Tages teilhaben werden.

Es ist belustigend, wenn ein Kind, das man zwingt,

Möhren und Erbsen zu essen, weil diese Vitamine enthalten, fragt: »Warum hat Gott die Vitamine nicht in Süßigkeiten und Eiscreme gegeben?« Einem Kind kann entschuldigt werden, daß es die anstehenden Probleme nicht versteht.

Erwachsene sollten jedoch das Gute nicht mit dem rein Angenehmen verwechseln.

Falsche Vorstellungen entstehen, wenn man nur die Existenz *dieses* Lebens zugesteht. Das ist so, wie wenn einer von Bangladeschs hilflosen Millionen behaupten würde: » Es gibt nur ein Leben des Hungerleidens. Ein besseres Leben kann es nicht geben.« Oder wie wenn ein Embryo im Mutterleib zu dem Schluß käme: »Dieser finstere Ort ist die ganze Existenz. Außerhalb dieser wässerigen Schutzhülle gibt es kein Leben.«

Wir verzweifeln, wenn wir unsere Existenz auf das enge, von unseren Sinnen wahrgenommene und nur vom Verstand erfaßte Gefängnis beschränken. Mit der Zeit bezweifeln wir nicht nur die Möglichkeit eines anderen Lebens, sondern wir wollen es nicht einmal mehr, wie ein sich im Hungerstreik befindlicher Mensch nach den ersten fünf oder sechs Tagen jegliches Hungergefühl verliert.

Eine indische Geschichte erzählt uns von einem Sklaven, der von einem Engel einen Ring geschenkt bekam, welcher ewiges Leben verlieh. Das Leben eines Sklaven war jedoch so schwer, daß der Mann es nicht verlängert haben wollte, und so bot er den Ring dem König an. Die Sorgen, sein Reich zu regieren, waren jedoch so schwer, daß der König den Gedanken an ein ewiges Leben nicht ertragen konnte, und so schenkte er den Ring seiner Gemahlin. Diese war jedoch unglücklich. Sie liebte einen Offizier, den sie nicht heiraten konnte, weil sie an den König gebunden war, und so gab sie den Ring dem Offizier. Das Leben des Offiziers war jedoch unerfüllt. Er mußte so tun, als ob er die Königin liebte, wo er doch in Wirklichkeit eine andere Frau liebte. Und so schenkte er den Ring einem Sklaven – demselben Sklaven, den der Engel zuerst begünstigt hatte.

In dieser kleinen Erzählung von Ironie und Frustration hat jede Gestalt eine verzerrte Lebensauffassung. Da sie in einem Netz von Unglück gefangen sind, glauben sie, wie Buddha auch, daß das Leben nur unglücklich sein kann und daß der Idealzustand das Nirwana ist, in dem nichts mehr leersteht.

Wir haben die Sicherheit, daß es ein anderes Leben gibt, weil es einen Gott gibt, der es schenken kann.

*

Christen wissen, daß Gott verborgen bleibt, auch wenn Er sich in der Bibel offenbart hat. Das lateinische Wort »revelatio« hat zwei Bedeutungen, nämlich Offenbarung und Wiederverdeckung. Christen wissen über die Herrlichkeit, die hinter dem Schleier verborgen ist.

Lakaien sind oftmals besser gekleidet als Prinzen. Für die meisten Menschen ist das Wirkliche und Fühlbare verlockender als ein unsichtbarer Gott. So entstand der Götzendienst. Wir aber wollen uns nicht vom Schein verführen lassen, ganz gleich wie augenfällig oder schön er sein mag. Wir suchen den Unsichtbaren, der das Sichtbare mit soviel Glanz versehen hat.

Wir freuen uns über das wenige, das wir über Ihn wissen können, auch wenn wir dem heiligen Bonaventura beipflichten, der gesagt hat: »Quod de Deo scire possimus, quid non fit, non quid fit« – Wir können über Gott nur das wissen, was Er nicht ist und nicht das, was Er ist.«

Andere Denker sind zu demselben Ergebnis gelangt. Nikolaus von Cusa hat gesagt: »Der Verstand weiß, daß er Dich nicht kennt, weil er weiß, daß man

Dich nicht kennen kann, weil das Unerkennbare nicht erkannt, das Unsichtbare nicht gesehen und das Unerreichbare nicht erreicht werden kann.« Und weiter: »Wenn jemand ein Konzept entwickeln sollte, mit dem man Dich erfassen könnte, wüßte ich, daß dieses Konzept nicht von Dir ist, denn jedes Konzept endet an der Mauer zum Paradies . . . So auch, wenn jemand sagen sollte, er würde dich verstehen und eine Möglichkeit anbieten würde, Dich zu verstehen, ist dieser Mensch doch fern von Dir . . .da Du absolut über all den Vorstellungen stehst, die ein Mensch haben kann.«

Goethe hat gesagt: »Über den Höchsten läßt sich nicht sprechen.«

Tersteegen hat geschrieben: »Ein Gott, der verstanden wird, ist kein Gott. Du darfst nicht so plausible Erklärungen über Ihn abgeben, als ob du das Geheimnis, das Ihn umgibt, verbannen wolltest.«

Und Pascal: »Wenn Atheisten doch nur zuerst die Religion, die sie bekämpfen, kennenlernen würden, ehe sie sie bekämpfen! Unsere Religion rühmt sich nicht, daß sie eine klare Anschauung von Gott habe, daß sie Ihn ohne einen Schleier sieht. Im Gegenteil, wir sagen, daß die Menschen in Finsternis und fern von Gott sind, daß Er unserem Wissen verborgen ist, und daß sogar der Name, den Er in der Heiligen Schrift hat, Gott verbirgt.

Unser Wissen ist nur Stückwerk (1. Kor. 13:9). Die Finsternis, in der sich Atheisten befinden und über die sie sich bei der Kirche beschweren, bestätigt eine Behauptung der Kirche.«

Als Augustinus am Meeresufer auf und ab ging und über sein großes Werk bezüglich der Dreifaltigkeit meditierte, wurde er ungeduldig, weil er zu keinem klaren Gedankengang gelangte. Auf einmal bemerkte er ein Kind, das bitter weinte. Er blieb stehen, um es nach dem Grund zu fragen. Das Kind gab zur Antwort: »Ich weine, weil ich nicht das ganze Meer in dieses Loch schütten kann, das ich in den Sand gegraben habe.«

Da hatte der Heilige seine Antwort: »Wie kann ein Mensch das Wesen des unendlichen Gottes mit seinem endlichen Verstand zu erfassen hoffen?«

Das Christentum sagt, daß Gott unser endliches Vorstellungsvermögen übersteigt. Jene, die sich beklagen, daß sie Ihn nicht erfassen könnten, bestätigen unsere Lehre.

Es ist ebenso töricht, seine Existenz zu leugnen, wie zu bestreiten, daß man einen Verstand hat, weil man ihn nicht fühlen oder in Händen halten kann.

Obwohl kein Mensch Gott gesehen hat, ist alles von Ihm, für Ihn und in Ihm.

Wir erkennen, daß Er nicht in unsere Vernunftkategorien paßt, was vielleicht erklärt, warum der Atheismus so weit verbreitet ist.

Doch die Tatsache, daß ein Wesen nicht nach unserer Vernunft handelt, beweist nicht, daß es unexistent wäre. Der heilige Paulus schreibt kühn über die Torheit Gottes, aber er weiß, daß Er ist, und er liebt Ihn so, wie Er ist.

Er ist allzeit gegenwärtig, auch wenn viele Seiner Kinder qualvoll sterben. Christen sind Ihm treu, auch wenn Er sie scheinbar im Stich läßt. Hiob sagt: »Auch wenn Er mich tötet, werde ich Ihm vertrauen. Ich weiß, daß mein Erlöser lebt.«

Er wußte, daß es besser war, einen geliebten Gott zu haben als einen ungeliebten. Jedes Wesen reagiert besser auf Liebe, umsomehr Gott, der Liebe *ist*.

Christen lieben Gott nicht wegen dem, was sie von Ihm bekommen können – Erfolg, Talent oder Gesundheit. Sie lieben Ihn wie Er ist.

In dem Film »Gott ist ein Monster« sagt Ingrid Bergman: »Ich suchte einen Gott, der mich liebte. Erst als ich mich in dieselbe Situation versetzt sah wie der Eine, der am Kreuz sagte: ›Mein Gott, mein Gott, warum hast du mich verlassen?‹, wußte ich, daß es einen Gott gibt.«

Gott hat durch Christus gezeigt, daß Er die Liebe ist, daß Er selbstaufopfernd und gerecht ist. Man erkennt ihn nicht dadurch, daß man – manchmal vergebens – versucht, etwas von Ihm zu bekommen, sondern daß man auf alles andere verzichtet.

*

Es gibt nur vier Lösungen der Frage nach dem Ursprung des Universums:

1. Die buddhistische Lösung, daß das Universum eine Illusion ist. Das löst aber nicht die Frage, wer die Illusion geschaffen hat. Wie ist sie entstanden? Wie kommt es, daß es einen Verstand gibt, der diese Illusion hegt, und – was ein noch größeres Wunder ist – daß es einen Verstand gibt, der groß genug ist, um zu erkennen, daß das Universum illusorisch ist?

2. Die Vorstellung, daß das Universum spontan aus nichts entstanden ist. Doch ein Nichts, das eine Welt hervorbringt, ist nicht ein Nichts.

3. Das Universum besteht seit jeher. Das aber würde dem zweiten Gesetz der Thermodynamik widersprechen. Ein solches Universum wäre infolge zunehmender Entropie heruntergekommen, und alles hätte dieselbe niedrige Temperatur, weil das Verhältnis von nicht verfügbarer zu verfügbarer Energie ständig steigt.

4. Das Universum ist erschaffen worden. Es gibt einen Gott, und auf Sein Geheiß entstand, was Astronomen gern den »Urknall« nennen, durch den Materie, Energie, Raum, Zeit und die Gesetze der Physik selbst ins Dasein gerufen wurden.

Wir wissen heute, daß das Universum nicht seit jeher besteht. Es wird anerkannt, daß es einen Anfang hatte und ein Ende haben wird. Wie ist es dann entstanden?

Kann es ohne einen Schöpfer eine Harfe geben, geschweige denn einen zwitschernden Vogel?

Wissenschaftler sehen es jetzt als wahrscheinlich an, daß es ihnen bald gelingen wird, einen Virus synthetisch herzustellen. Sie glauben, daß sie in der Lage sein werden, auf diese Weise aus unbelebten Partikeln Leben zu erzeugen.

Diese Behauptung ist jedoch nicht richtig. Um Leben synthetisch herstellen zu können, benötigen sie materielle Gegenstände, Chemie- und Physikkenntnisse und menschliche Kreativität. Ohne letztere könnte nichts bewerkstelligt werden. Ziegel allein ergeben noch kein Haus. Als erstes braucht man einen Architekten und einen Plan.

Gewöhnliche Materie enthält eine ausgewogene Mischung aus Protonen und Elektronen, Anziehung und Abstoßung. Diese Partikel sind so vollkommen im Gleichgewicht, daß wir die ungeheuren, wirkenden Kräfte nicht wahrnehmen.

Professor R. Feynmann vom kalifornischen Institut für Technologie hat geschrieben: »Wenn man auf Armlänge von jemandem entfernt stünde, und jeder hätte ein Prozent mehr Elektronen als Protonen, wäre die Rückstoßkraft so gewaltig, daß sie ausreichen würde, um ein Gewicht, das so schwer ist wie das der Erde, zu heben.«

Wer hat diese Partikel so vollkommen ins Gleichgewicht gebracht?

Und wie könnte man das, was im Leben geschieht, erklären, ohne zumindest einen Gott vorauszusetzen?

Der Darwinismus kann die Evolution nicht erklären. Was für einen Beitrag gibt herrliche Musik der Evolution? Menschen können ohne sie leben.

Wie sind dann der Kanarienvogel, die Lerche und die Nachtigall entstanden? In der Natur wie auch im

Leben des Menschen zeigt es sich, daß Energie auch für das, was zum biologischen Überleben nicht notwendig ist, aufgewendet wird.

Nach dem Darwinismus ist die menschliche Sprache das Ergebnis zufälliger Mutationen. Damit jedoch ein Mensch sprechen kann, müssen große Veränderungen gleichzeitig im Gehirn, Nacken, Kiefer, Mund und in der Zunge stattfinden. Wie groß ist die Wahrscheinlichkeit eines derartigen, zufälligen Zusammentreffens?

George Gallup, der Dekan der amerikanischen Meinungsforscher, hat geschrieben, er könne Gott statistisch beweisen.

Man nehme beispielsweise nur einmal den menschlichen Körper mit seinen Blutgefäßen, die Tausende von Kilometern lang sind. Würde jemand behaupten, das Straßennetz der Vereinigten Staaten sei spontan entstanden? Die Blutgefäße des Menschen mit ihren geordneten Funktionen sind jedoch weitaus komplizierter. Die Behauptung, daß dieses Körpernetz – geschweige denn andere menschliche Systeme – nur durch Zufall entstanden sein soll, ist eine statistische Ungeheuerlichkeit.

Was für einen Reichtum es doch in der ganzen Schöpfung gibt! Eine Ulme produziert 295.362 Quintillionen 11.136 Quatrillionen 1.584.000.000 Samen, was in der vierten Generation bedeutet, daß das Sonnensystem allein mit Ulmen ausgefüllt werden könnte.

Ein Dorsch produziert 9.384.000 Eier. So sagt Gott in der Bibel: »Es wimmle das Wasser von lebendigem Getier« (1. Mose 1:20).

Gott wird in der Natur und im Leben nicht weniger herrlich offenbart als in der Bibel.

Energien, Materie und Gesetze in der Himmelssphäre sind wie die auf unserem Planeten. Auf der Erde durchgeführte Experimente geben Auskunft über die Sterne. Gott hat ein Universum erschaffen, das wir, wenn wir es begreifen wollen, verstehen können.

Einstein hat gesagt: »Das Unfaßbarste am Universum ist, daß es faßbar ist.«

In seiner Nobelpreisrede sagte Max Delbruck im Jahre 1969: »Die Wahrheit, Kinder, ist, daß wir alle in einem Spiel von Marionetten, von Puppen, mitwirken. Das Wichtigste in einem solchen Spiel ist, daß man die Idee des Autors nicht aus den Augen verliert.«

Pascal legte in »Gedanken« richtig dar: »Die Natur weist einige Vollkommenheiten auf, um zu zeigen, daß sie das Bildnis Gottes ist, und Mängel, um zu zeigen, daß sie nur Sein Bildnis ist. Die Natur ist so beschaffen, daß sie überall einen verlorenen Gott offenbart.«

Laßt uns daher den großen Gott suchen, den wir verloren haben, der ein Universum aus nichts geschaffen hat. Es ist nämlich bezeichnend, daß das Universum nicht nur vom Schöpfer spricht, sondern auch von dem Nichts, aus dem es erschaffen wurde.

In einem Teelöffel Wasser sind etwa so viele Moleküle enthalten, wie es Teelöffel Wasser im Atlantik gibt. Kein von Menschenhand gebauter Computer könnte berechnen, wie viele es sind.

Wenn wir andererseits so viele Eisenatome eng aneinander binden könnten, wie die USA Einwohner haben – rund 200 Millionen –, würden wir eine nur zwei Zentimeter lange Kette erhalten. Wenn einen das stutzig macht, möge man die Tatsache bedenken, daß das Atom weiter geteilt werden kann, und daß es in der Hauptsache aus leerem Raum besteht, so wie die Moleküle, die aus Atomen bestehen.

Wir haben jedoch lediglich die Tür zur Komplexität geöffnet. Um die Mitte dieses Jahrhunderts stellte man sich das Atom wie ein Sonnensystem vor: in der Mitte ein aus Protonen und Neutronen bestehender Kern, wobei Elektronen diese nukleare »Sonne« wie Planeten umkreisen.

Protonen, Neutronen und Elektronen in verschiedenen Verbindungen erklärten, je nach dem Element, das sie bildeten, das ganze Geheimnis der Materie. Das Atom, das auf Griechisch »das Unteilbare« bedeutet, war gespalten worden. Hier hatte es den Anschein, als hätte sich unser Forschen erschöpft. Die drei Komponenten des Atoms waren fundamental und unteilbar.

Zehn Jahre später wurden rund 100 weitere Elementarteilchen entdeckt, ein wahrer Partikelzoo.

Zu jener Zeit stellten zwei Wissenschaftler, Gell-Mann und Zweig vom kalifornischen Institut für Technologie, fest, daß sie alle ein paar gemeinsame Muster aufwiesen. Das heißt, man stellte sich vor, die Gebilde, die noch immer die falsche Bezeichnung »Elementarteilchen« tragen, seien gar nicht elementar. Sie verdanken ihre Verschiedenheit den unterschiedlichen Verbindungen von fünf noch kleineren Gebilden, »Quarks« genannt. Derzeit sieht man sie als die grundlegenden Komponenten der Materie an. Jedes Gebilde hat seinen eigenen Namen bekommen, aber nicht mehr »Mesonen« oder »Leptonen«, wie es bei den »Elementar«-Teilchen der Fall war. Derartige Bezeichnungen schienen für diese neuen Entdeckungen unzulänglich zu sein.

Die Namen, die nüchterne Wissenschaftler den verschiedenen Quarks gegeben haben, sind zumindest außergewöhnlich: »Anmut«, »Wahrheit«, »Schönheit«, »Farbe« und »Wohlgeruch«.

Wie bei der Eiscreme gibt es verschiedene Arten von Quarks. Es gibt Oben- und Untenquarks und wundersame Arten von Quarks. So zum Beispiel ergeben zwei Obenquarks und ein Untenquark das Elementarteilchen Baryon.

Es gibt auch Antiquarks, so wie es für jedes Elementarteilchen ein Antipartikel gibt.

Wo es Gott gibt, gibt es auch den Teufel; ohne einen

Antichristen hätte es Christus nicht geben können. Für einen, der sich in der Physik auskennt, sollte das offenkundig sein.

Gell-Mann und Zweig wußten jetzt zwar vieles über das Quark – aber nicht, ob es wirklich existierte. Sein Dasein vorauszusetzen, war für mathematische Operationen sehr nützlich, so wie die Hypothese »Gott« vieles im Universum erklärt. Warum sollen wir daher nicht mit einer Hypothese beginnen?

Die beiden Wissenschaftler hatten lange Zeit mit Quarks gearbeitet, ehe sie wußten, ob sie nur mathematische Funktionen oder wirkliche Gebilde waren.

Heute ist ihre Existenz eindeutig bewiesen. Man kann auch eine eindeutige Gewißheit über die Existenz Gottes haben. — Im Weltraum sind neue Quasaren und Pulsaren genannte Sterngebilde entdeckt worden; die Geräuschkulisse des Universums ist zu hören, das Geräusch des Urknalls der Schöpfung.

Laßt uns jetzt analog vorgehen! Es gibt viele Nichtgläubige, viele A-theisten auf der Welt. Das Wort stammt aus dem Griechischen: »a« steht für »nein«, »theist« leitet sich ab von »Theos« = Gott. Ein Atheist ist eine Person, die glaubt, daß es keinen Gott gibt. Bis zum Jahr 1960 waren jedoch alle Menschen a-quasarisch und a-pulsarisch. Diese Gebilde hat es mit Sicherheit bereits zuvor gegeben, obgleich niemand um sie wußte oder an sie glaubte. Dann wurden sie entdeckt, und es gab keine Nichtgläubigen mehr.

Auch du kannst Gott entdecken.

Laplace, der ein gläubiger Christ war, hat gesagt: »Ich brauche die Hypothese ›Gott‹ nicht.« Das bezog sich auf das damals bekannte Universum. Doch seit seiner Zeit ist es weitaus komplizierter geworden: Die »unteilbaren« Partikel bestehen aus »Anmut«, »Schönheit« und »Wahrheit«. Als nächstes stellt sich für die Wissenschaft – nicht für die Theologie – die Frage, was »Wahrheit«, »Schönheit« und »Anmut« ist.

Forscher schauen vielleicht in die Bibel und entdekken, daß das alte Bezeichnungen für Christus sind.

Unser Zeitalter ist nicht mehr so, wie das von Laplace. Wir brauchen die Hypothese »Gott.«

*

Von der Kompliziertheit der Natur bis zu ihrer scheinbaren Intelligenz ist es nur ein kleiner Schritt. Mäterlinck hat in seiner »Intelligenz der Blumen« geschrieben: »Wann wird es uns gelingen, einen so stabilen, dünnen und sicheren Fallschirm wie den des Löwenzahns zu konstruieren? ... Die unterschiedlichen Entwicklungsstufen von Pflanzen in bezug auf Befruchtung usw. folgen genau der Grundlinie von Erfindung und Fortschritt bei uns. Einer schwerfälligen Vorrichtung folgt eine einfachere ... Es hat wirklich den Anschein, als ob den Pflanzen auf dieselbe Weise Ideen kommen würden wie uns ... Die Pflanzen tasten in derselben Dunkelheit umher und stoßen auf dieselben Hindernisse. Sie scheinen unsere Geduld, Standhaftigkeit und Eigenliebe zu besitzen, dieselbe unterschiedliche und modifizierte Intelligenz, nahezu dieselben Hoffnungen und dieselben Ideale. Sie kämpfen, wie wir selbst, gegen eine große, gleichgültige Umgebung, was ihnen schließlich hilft.«

Damit wir uns aber nicht von Mäterlincks Begeisterung davontragen lassen, wollen wir uns daran erinnern, daß der Mensch die Pflanzen anbauen muß.

Gott hat eine unvollendete Welt geschaffen, damit wir an der Freude der Schöpfung teilhaben können. Er erschuf Flüsse; wir müssen Brücken über sie bauen. Er hat Wälder, Rohmaterialien, unfertige Produkte zur Verfügung gestellt – alle erdenklichen Möglichkeiten für uns, das zu verbessern, was Er gegeben hat.

Der Mensch kann jedoch nur neu ordnen und umgestalten. Er kann nicht erschaffen.

Ein nachdenklicher Mensch hat nur eine einzige wirkliche Wahl: Entweder leben wir in einem totgeborenen, selbstabortiven, absurden Universum, in dem alle menschlichen Bemühungen erstickt werden und sich als umsonst und sinnlos herausstellen, und in dem sogar die Bemühungen von Atheisten vergessen sein werden, wenn das Universum vergeht, oder das Universum kommt von einem gedankenvollen Gott und weist auf ein herrliches Königreich des Friedens, der Liebe und der Klarheit hin. Vor eine solche Wahl gestellt, kann nur der Tor sagen: »Es gibt keinen Gott«.

*

Alphons von Liguorie hat in seinem »Dialog zwischen einem christlichen Priester und einem Gläubigen« geschrieben: »Menschen, die Tiere, das Meer, die Berge, die Pflanzen und andere derartige Dinge sind sicher alles erschaffene Geschöpfe, die ihre Existenz von einem Ersten Prinzip ableiten. Wenn diese nämlich nicht seit jeher existiert hätten, hätten sie sich nicht ein Sein geben können, das sie nicht zuvor schon hatten. Etwas Nichtexistentes kann nichts tun. Deshalb müssen sie ihre Existenz aus einer anderen Welt bekommen haben. Und diese Quelle muß ihre Existenz von sich aus in einer Vergangenheit ohne Anfang haben.

Wenn sie nämlich von etwas anderem hervorgebracht worden wäre, wäre sie nicht für Dinge verantwortlich, wie es der Fall wäre, wenn sie das Erste Prinzip oder der Schöpfer wäre, sondern sie wäre ein Geschöpf wie alle anderen Dinge. Wir sprechen daher von einem Ersten Prinzip. Sie wäre nicht ein solches Prinzip, wenn sie keine Vergangenheit ohne Anfang hätte. Wenn sie nämlich nicht seit ewig existiert hätte, hätten sie sich nicht Existenz geben können. Dieses Erste Prinzip nennen wir ›Gott‹, und Er, der Seine Existenz von sich aus hat, besitzt alle Vollkommenheit, die man nur haben kann. Wenn man wirklich voraussetzt, daß Er von niemandem abhängig ist, wird es niemand anders gegeben haben, der Ihm hätte zuteilen können, welche Vollkommenheiten Er haben könnte, Seine Rolle besteht darin, allen Dingen ihre jeweilige Rolle oder entsprechenden Vollkommenheiten zu verleihen. Wir sollten daher zu dem Schluß kommen, daß Er ein Gott von unendlicher Weisheit ist, der um alles Gegenwärtige, Vergangene und Zukünftige weiß, um Dinge, die sein werden, und um Dinge, die möglich sind; daß Er ferner ein Gott von unendlicher Macht ist, der tun kann, was immer Er will; daß Er von unendlicher Güte und somit unendlich heilig und gerecht ist ...

Wenn diese Welt allein aus Materie entstanden ist, und die Welt durch jene Kräfte, die dieser Materie innewohnen, ins Dasein gerufen worden ist, was jeglichen Sinnes entbehrt, dann würden wir sagen müssen, daß alles durch Zufall geschehen ist und weiterhin geschieht. Wir sehen aber in dieser Welt eine Ordnung, wie sie mit einer solchen Schönheit und Beständigkeit nicht hätte entstehen oder erhalten werden können, außer durch einen Verstand, der unendliche Weisheit besitzt.

Wir sehen, wie die Sonne fortwährend ihre Bahn zieht – Jahr für Jahr. Wir sehen die Tiere, die immer ihre eigene Art hervorbringen. Wir sehen die Bäume, die stets dieselben Früchte tragen und immer in derselben Jahreszeit. Wer könnte jemals glauben, daß der Zufall, der keinen Verstand besitzt, diese Welt gemacht und eine so feste Ordnung in ihr bewahrt haben könnte? Denn die Erhaltung dessen erforderte und erfordert ständig große Intelligenz.

Die Gott leugnen, könnten zur Antwort geben, daß

diese ganze Ordnung das Werk der Natur sei. Die Antwort darauf lautet, daß die Natur entweder keinen Verstand besitzt – und ich wiederhole, daß eine Natur ohne Verstand niemals diese Welt hervorgebracht haben könnte, deren Gestaltung höchste Intelligenz erforderte, oder daß die Natur (von der sie reden) über eine reine, vollkommene Intelligenz verfügt – und ich antworte, daß eine solche Natur eben jener Gott ist, der die Welt erschaffen hat und den wir anbeten.«

*

Alphons von Liguorie hat ferner gesagt: »Was stellen wir uns vor, wenn wir den Namen Gottes gebrauchen? Wir suchen nach einem höchst vollkommenen Wesen. Wir können uns nichts Besseres vorstellen. Wenn Gott der höchste Herr sein soll, muß Er über grenzenlose Weisheit, grenzenlose Macht und alle anderen Vollkommenheiten verfügen, und diese müssen alle unendlich sein.

Wollen wir nun unterstellen, daß es viele Götter gibt, so sind diese Götter entweder nicht alle gleich, jeder vom anderen abhängig, oder einer von ihnen ist der höchste, unabhängig und am vollkommensten, und die anderen sind von Ihm abhängig und folglich weniger vollkommen. Wenn wir unterstellen, daß sie alle gleich und abhängig sind, müssen wir sagen, daß keiner von ihnen der wahre Gott ist, denn keiner von ihnen wäre so überaus vollkommen, wie Gott es sein muß. Wie wir nämlich bereits gesagt haben, bedeutet Gott zu sein, der Höchste an Vollkommenheit zu sein ... Wenn Gott dieser Höchste ist, muß es nur Ihn allein geben und keinen Ihm Gleichgestellten.

Wenn wir im übrigen zwei höchste Wesen gelten lassen wollten, wäre keines von beiden das Höchste und keines von beiden wäre daher Gott ... Aus diesem Grund hat Tertullian gesagt: ›Wenn Gott nicht einer ist, gibt es Gott nicht. Denn um wahrhaft Gott zu sein, darf es niemanden geben, der ebenso groß ist; wenn es nämlich so jemanden gäbe, würde jemand Ihm gleichkommen, und wenn Ihm jemand gleichkäme, wäre Er nicht der Höchste.‹ (Contra Marcionem, L. 1, c. 3)

Wenn es ferner mehr als einen höchsten Gott gäbe, wäre keiner von ihnen allmächtig, denn wenn einer von ihnen etwas frei und ungehindert tun wollte, dann könnten ihn die anderen daran hindern. Wenn sie ihn daran hindern könnten, wäre er nicht über alle Maßen mächtig.

Außerdem wäre keiner von ihnen allwissend und allweise, da jeder um alles wüßte. Wenn keiner von ihnen ein Geheimnis verbergen könnte, wäre er nicht allmächtig. Wenn er es andererseits verbergen könnte, wären die anderen nicht allwissend.

Außerdem kann man die Wahrheit, daß ein einziger Gott die Welt regiert, daraus ersehen, daß hier unten eine derart einheitliche und beständige Harmonie erkennbar ist.

Das befähigt uns zu der Einsicht, daß es einen alleinigen Herrscher gibt, der alles lenkt.«

*

Feuerbach, einer von Marx' Lehrern, hat erklärt, daß es Luther gewesen sei, der ihn zu der erstaunlichen Einsicht geführt habe, daß eher der Mensch einen Gott erschafft, wie er ihn haben will, als daß Gott den Menschen nach Seinem Ebenbild erschafft. Feuerbach sagt oft von sich im Spaß: »Ich bin Luther Nummer zwei.« Seine Rechtfertigung war Luthers Erklärung, daß »der Glaube der Schöpfer der Gottheit ist«. Er unterließ es jedoch, Luthers Beobachtung vollständig zu zitieren: »Der Glaube ist der Schöpfer der Gottheit, nicht als Person, sondern auf Erden.«

Das Spiegeln der Sonne auf einem See beweist die

Existenz der Sonne. Ähnlich beweist das Spiegelbild Gottes in einem reinen, menschlichen Herzen die Existenz Gottes. Durch sein Gedanken- und Gefühlssystem erschafft der Mensch den inneren Gott, so wie eine bestimmte Anordnung der Oberflächenmoleküle des Sees eine deutlich sichtbare Sonne im Wasser bewirkt. Doch dies beweist nicht die Nichtexistenz Gottes, wie Feuerbach mutmaßte.

Es ist der wahre Gott, der die größten Werke der Kunst und Literatur eingegeben hat. Was wären Dante, Michelangelo, Raphael und Bach, wenn es keinen Gott gegeben hätte, der ihnen ihre Höchstleistungen eingegeben und die zum Ruhme seines Namens geschaffenen Werke gesegnet hätte?

Lenin hat gesagt: »Man kann kein Kommunist sein, wenn man nicht von all jenen Reichtümern Besitz ergreift, die die Menschheit geschaffen hat«, aber religiöse Reichtümer schloß er nicht mit ein.

Ein Ideal ist nur der tiefste Sinn für künftige Wirklichkeit. Und das Ideal der Religion, der Vereinigung mit dem unsichtbaren Gott, ist die Vorahnung geistlicher Wirklichkeit.

Lodge argumentierte folgendermaßen: »Unsere höchsten Gedanken sind wahrscheinlich der Wirklichkeit am nächsten. Sie müssen Stufen in Richtung der Wahrheit sein, sonst wären sie uns nicht eingefallen und als die höchsten erkannt worden.«

Wir dürfen der Wirtschaft der Natur vertrauen. Sie vergeudet ihr Material nicht! Sie hat weder das Rind auf der Weide noch den Fisch in der See mit einer Erwartung geschaffen, die deren Beschränkungen übersteigt. Warum hätte sie dann an den Menschen den grenzenlosen Reichtum von Erwartung, geistlichem Verlangen oder des Glaubens verschwendet?

Warum wäre ein endliches, in Zeit und Raum lebendes Geschöpf auf den Gedanken gekommen, ein ewiges Wesen zu erfinden?

Warum hätte der Verstand von Sündern eine Religion ersonnen, die den Menschen sagt, daß sie nicht sündigen sollen?

Ohne einen Gott, der ihn schenkt, könnte es keinen Glauben geben. Die Existenz des Glaubens an einen geheimnisvollen Gott ist in sich selbst ein Geheimnis, ein Wunder, da es so viele Tatsachen gibt, die ihm zu widersprechen scheinen.

Seit Jahrhunderten singen Christen: »Von Sieg zu Sieg wird Jesus Sein Heer führen«, obwohl die Kirche enorme Niederlagen erlitten hat und noch erleidet. Christen, gespalten in Hunderte von Konfessionen, sagen alle: »Wir glauben an die eine, heilige Kirche«, und verkündigen einen Glauben, der im Widerspruch zur Wirklichkeit steht. Sie glauben das, was dem Verstand absurd erscheint, was bedeutet, daß der Glaube selbst eine andere Wirklichkeit ist, ein anderer Weg des Wissens als das Denken.

Der Glaube benötigt keine Beweise. Der Glaube *ist* ein Beweis für die Existenz Gottes. Es gibt keine andere Möglichkeit zu erklären, warum Menschen, die in einer bösen Welt leben, an einen guten Gott glauben.

Der Glaube braucht wie die Liebe kein verbürgtes Wissen. Ein Romeo braucht keinen Beweis, daß Julia sein Verlangen stillt. Julia selbst verkörpert den Beweis.

Da das menschliche Auge begrenzt ist, hat die Wissenschaft nach neuen Möglichkeiten des Sehens gesucht. Das Sehvermögen wurde durch Vergrößerungsgläser, Röntgenstrahlen, Elektronenmikroskope und computergesteuerte Tomographie erweitert. Wir erleben heute eine Explosion neuer Sichtgeräte, bei denen sich nur noch Techniker auskennen. Mit ihrer Hilfe sehen wir Wirklichkeiten, die die Fähigkeiten des Auges übersteigen.

Der Glaube ist nur eine Möglichkeit mehr, weiter zu sehen, als das menschliche Auge reicht. Mit Hilfe des Glaubens sieht man die Welt Gottes.

Wie die Liebe, bedarf auch der Glaube keiner wissenschaftlichen Formulierung.

Verneint man die Wissenschaft, wenn der Verliebte die Geliebte nicht zuerst wiegt und mißt, oder sich nicht nach der Blutgruppe, dem Grundstoffwechsel, dem Hormonhaushalt oder den Bakterien im Darm der Geliebten erkundigt?

Soll das doch die Medizin machen! Die Liebe dient ganz einfach und gibt ihr Leben für den geliebten Menschen.

Wissenschaftliche Theologie im Christentum ist daher papperlapapp.

Glaube einfach an Gott, ohne die Logik und Wissenschaft gelehrte Fragen stellen zu lassen. Du wirst es nie bereuen.

*

Als ich in einem kommunistischen Gefängnis war, drohte mir einmal ein mit einem Gummiknüppel bewaffneter Offizier: »Wage es noch einmal, in der Gefängniszelle von Gott zu sprechen, und du wirst deinen Teil bekommen! Was für einen Beweis hast du überhaupt, daß es einen Gott gibt?«

Ich antwortete: »Es ist schwierig, einem Menschen, der einen Stock in der Hand hält, Beweise zu geben. Ein Stock kann den Kopf, der den Beweis enthält, zerschlagen.

Lassen Sie mich aber nur eine einzige Frage stellen: Ich selbst kenne unzählige Atheisten, die in ihrer Todesstunde bedauerten, daß sie nicht geglaubt hatten, und Busse taten. Im letzten Augenblick riefen sie ›Gott!‹ oder ›Jesus!‹ oder ›Maria!‹ oder ›Mohammed!‹ Können Sie sich aber einen sterbenden Christen vorstellen, der es bedauert, daß er gläubig gewesen ist und fleht: ›Darwin!‹ ... ›Marx!‹ ... ›Voltaire!‹ ... kommt und befreit mich vom ›Glauben?‹

Der Mensch wird von seinen eigenen Gedanken gelenkt. Auf welche von ihnen soll er sich aber verlassen? Wie alles andere, kennt auch das Denkvermögen Höhen und Tiefen. Manchmal sind wir ganz oben, ein anderes Mal tief unten oder schlichtweg dumm. Wir müssen unseren Gedanken vertrauen, wenn diese in Höchstform sind. Das ist der Fall, – der Philosoph Jaspers nennt es ›Grenzsituationen‹ – wenn die Seele beim Anblick von etwas Schönem begeistert ist oder im Augenblick großer Gefahr, wie beispielsweise beim Hinübertreten in eine unbekannte Welt, dringend nach Antwort sucht. Dann arbeitet der Verstand am eifrigsten. In diesem Augenblick gibt es keine Atheisten.

Wenn der Mensch den Tod auf sich zukommen sieht, ist er von Scheu ergriffen. Er tritt ein in das große Geheimnis. Gläubige entsagen in diesem Augenblick ihrem Glauben nicht, aber Atheisten geben häufig ihren Unglauben auf, weil zu glauben das rechte Ding ist.«

An jenem Tag blieben mir Schläge erspart.

*

Ich glaube, daß es einen Gott gibt, und daß Er überaus vertrauenswürdig ist. Ich denke da an ein Argument, das eine rätselhafte Reaktion geben dürfte.

Die Bibel erklärt sich zu einem von Gott eingegebenen Buch. Doch dieser Gott ist sehr merkwürdig. Er hat biblischen Autoren eingegeben, in ihre Bücher ganze Kapitel mit Klagen gegen Ihn aufzunehmen, als ob Er die Menschen aufforderte, sich Erleichterung zu verschaffen, indem sie alle ihre Beschwerden bei Ihm abladen.

Man braucht nur Hiob 16:11 – 14, Psalm 88, Klagelieder 3 und andere derartige Teile der Heiligen Schrift zu lesen. In diesen Abschnitten fällt kein Wort zur Verteidigung Gottes.

Man bedenke folgende Worte des Propheten Jeremia:

»Ich bin der Mann, der Elend sehen muß durch die Rute des Grimmes Gottes«.

»Er hat mich geführt und gehen lassen in die Finsternis und nicht ins Licht«.

»Er hat seine Hand gewendet gegen mich und erhebt sie gegen mich Tag für Tag«.

»Er hat mir Fleisch und Haut alt gemacht und mein Gebein zerschlagen«.

»Er hat mich ringsum eingeschlossen und mich mit Bitternis und Mühsal umgeben.«.

»Er hat mich in Finsternis versetzt wie die, die längst tot sind«.

»Er hat mich ummauert, daß ich nicht heraus kann, und mich in harte Fesseln gelegt«.

»Und wenn ich auch schreie und rufe, so stopft er sich die Ohren zu vor meinem Gebet«.

»Er hat meinen Weg vermauert mit Quadern und meinen Pfad zum Irrweg gemacht«.

»Er hat auf mich gelauert wie ein Bär, wie ein Löwe im Verborgenen«.

»Er läßt mich den Weg verfehlen, er hat mich zerfleischt und zunichte gemacht«.

»Er hat seinen Bogen gespannt und mich dem Pfeil zum Ziel gegeben«.

»Er hat mir seine Pfeile in die Nieren geschossen«.

»Ich bin ein Hohn für mein ganzes Volk und täglich ihr Spottlied«.

»Er hat mich mit Bitterkeit gesättigt und mit Wermut getränkt«.

»Er hat mich auf Kiesel beißen lassen, er drückte mich nieder in die Asche« (Klagelieder 3:1 – 16).

So beklagt sich ein Prophet Gottes. Er treibt Propaganda gegen seinen Gott, und Gott wiederum macht es in der ganzen Welt bekannt. — Ein Gott, der zuläßt, daß ein Prophet Ihn in Seinem heiligen Buch als einen beschreibt, der »auf mich gelauert hat wie ein Bär und wie ein Löwe im Verborgenen«, ist mit Sicherheit vertrauenswürdig. Er wird die Wahrheit vor mir nicht verbergen.

*

Wenn du wenig über Gott weißt, dann höre auf deine innere Stimme, Gewissen genannt. Sie warnt dich, daß jemand auf das schaut, was du tust. Wer ist dieser Jemand? Die Reue ist einer der Beweise für die Existenz Gottes.

Atheisten wie auch Gläubige kennen die Qual, die sich einstellt, wenn man etwas Unrechtes getan hat. Vor wem klagen sie sich an? Wem gestehen sie Ihre Schuld? Sie kennen auch die Augenblicke der Erleichterung, wenn sie spüren, daß ihnen vergeben wurde. Wer vergibt?

Ein Klopfen spät abends an der Tür bedeutet, daß jemand draußen im Dunkeln ist. Das Gewissen beweist die Existenz Gottes.

*

Wir glauben an Wunder. Während die Naturgesetze die gewöhnlichen Gedanken Gottes widerspiegeln, stellen Wunder Seine außergewöhnlichen Gedanken dar. Nicht jeder erkennt Wunder, aber jeder hat schon merkwürdige »Zufälle« erlebt. Zufälle sind einfach kleine Wunder, bei denen Gott anonym bleibt.

Einstein besuchte einmal den Vater des berühmten Geigers Yehudi Menuhin, der damals trotz seiner erst sieben Jahre bereits ein Konzertvirtuose war. In einem Gespräch mit dem Vater bestritt Einstein die Existenz Gottes.

Da mischte sich das Kind ein: »Herr Einstein, ich werde Seine Existenz beweisen.«

Der große Wissenschaftler blickte belustigt auf den Jungen. »Gut, ich werde dir zuhören.«

Yehudi holte seine Geige hervor und spielte auf seine einmalige, meisterhafte Weise. Als er geendet hatte, sagte Einstein: »Es *gibt* einen Gott. Wie könnte dieses Kind so geigen, wenn es Ihn nicht gäbe?«

Für diejenigen, die keine Wunder anerkennen, sollten die einfachen Tatsachen der Natur sowie die Feinheiten ihres Verstandes und ihrer Seele genügen, um sich vor Gott zu verbeugen.

*

Sie sollen aber vorsichtig sein, daß sie sich vor dem einen wahren Gott verbeugen.

Manche Religionen haben nämlich merkwürdige Vorstellungen von Gott.

Der »Rigweda«, ein grundlegendes Buch des Hinduismus, enthält die folgende Mehrdeutigkeit: »Woher diese Schöpfung kommt, ob Gott sie erschaffen hat oder nicht, weiß Er allein, der der höchste Verwalter dieser Welt im höchsten Himmel ist, oder vielleicht weiß auch Er es nicht.«

In ägyptischen Texten, die auf der Innenseite von Mumiensärgen (2250 – 2280 v.Chr.) stehen, sagt Gott von sich selbst: »Ich war der Schöpfer meiner selbst insofern, als ich mich nach meinen Wünschen und in Übereinstimmung mit meinem Herzen formte.«

In dem buddhistischen Buch »Digha Neikaya« heißt es, daß Brahma sich nur einbilde, daß er der Schöpfer sei, da doch in Wirklichkeit die Welt durch das Zusammenwirken von Naturgesetzen entstanden sei, so wie ein Hahn glauben würde, die Sonne gehe auf, weil er krähe.

In gnostischen Texten des dritten und vierten nachchristlichen Jahrhunderts wird bestritten, daß der Schöpfer gut ist und daß Er viel weiß.

Was bei vielen anderen Religionen immer wieder Anstoß erregt, ist die Tatsache, daß ein guter und allmächtiger Gott Leiden zuläßt.

Wir sehen es als normal an, nicht wie ein Stein, wie Weizen, wie ein Vogel, wie ein Tier oder wie ein Engel zu sein. Ebenso gibt es himmlische Wesen, die nicht menschlich sind, so wie der Himmel nicht irdisch ist.

Es ist normal für uns, daß wir auf Kosten von Pflanzen, Blumen und Tieren leben. Wir leben die Art von Leben, die uns gefällt, selbst wenn es Engel und Gott betrübt. Und dann besitzen wir die Unverfrorenheit zu beanspruchen, daß uns andere Geschöpfe nicht anrühren sollen.

Jedes Geschöpf auf der Welt ist sowohl Beute als auch Raubtier. Der Mensch ist das größte Raubtier, und hat für diese Tatsache keine Gewissensbisse. Mit welchem Recht verlangt er, daß er nicht die Beute eines Organismus werden soll, der ihn töten wird, oder daß er nicht von einem wilden Tier angefallen werden soll, das zu schießen er beabsichtigt?

Ein Wolf, der meine Schafe zerreißt, ist böse und verdient es, getötet zu werden. Wenn der Wolf aber die Schafe nicht ißt, werde ich es tun und Gott dafür auch noch Dank sagen.

Wir müssen Schluß machen mit dem Gedanken an einen Gott, der auf unsere Bedürfnisse und unser Gutdünken zugeschnitten ist. Als Mose Ihn fragt: »Wie ist Dein Name?« , antwortet er: »Mein Name ist ›Ich bin, der Ich bin‹.«

Er ist nicht so, wie wir Ihn haben wollen oder wie wir uns Ihn vorstellen. Er ist, was *Er* ist. Er hat sich nie ausgesucht, *was* Er sein möchte. Er konnte ganz einfach nichts anderes sein, als der, der Er ist. Im Gegensatz zu uns Menschen befindet Er sich nicht in ständigem Streit mit dem, was Er ist. Freudig, weise und verständnisvoll ist Er das, was Er ist. Das ist einfach sein Wesen.

Der Allmächtige hat jedoch auch Seine Schranken. Die Bibel sagt, daß Er nicht lügen kann. Gott sei Dank für diese Beschränkung in Gott! Es gibt noch vieles andere, was Er nicht tun kann. Er kann nicht Selbstmord begehen. Er kann nicht die Eigenschaften, die Er hat, nämlich Liebe, Stärke, Gerechtigkeit, Barmherzigkeit, ablegen. Ohne sie wäre Er ein unzuverlässiger Gott, einer, der es sich bei jeder Laune anders überlegen würde. Er steht unter Zwang, aber Er will diesen Zwang. —Wir mögen einige unserer Charakterzüge verfluchen. Gott, der weder lügen noch sterben kann, will so sein, wie Er ist.

*

Es ist einfacher, manche Menschen zu lieben als Gott zu lieben. Für einen Menschen läßt sich eine Entschuldigung finden, wenn er etwas Böses tut. Was für eine Entschuldigung kann ich für Gott finden, wenn Er zuläßt, daß mir ein unglückseliges Schicksal beschieden ist?

Er braucht keine Entschuldigung, weil Er ist, was Er ist, ohne daß Er es sich so ausgesucht hätte.

Der Gläubige wird letztlich herausfinden, daß das, was Er ist, jedes menschliche Bedürfnis erfüllt – jetzt und für immer. Man braucht sich nur Seinem Sein und Seinen Plänen anzupassen, anstatt zu versuchen, Ihn menschlichen Erwartungen anzupassen. Er weiß besser als Seine Geschöpfe, was diese wirklich brauchen. Und Er schenkt uns dieselbe Freiheit, die Er hat. »Denn gleichwie Er ist, so sind auch wir in dieser Welt« (1. Johannes 4:17). Wir können sein Ebenbild sein. Wir können wie Paulus sagen: »Von Gottes Gnade bin ich, was ich bin, befreit von jedem Urteil« (1. Korinther 15:10). »Der geistliche Mensch wird von niemandem beurteilt werden« (1. Korinther 2:15).

Jeder von uns kann ein Kind Gottes werden und einige Seiner Vorrechte besitzen.

*

Angeblich soll die Wissenschaft im Widerspruch zur Religion stehen. Seltsamerweise weiß Albert Einstein, der größte Wissenschaftler dieses Jahrhunderts, dessen Name das Universum trägt, nichts von diesem Widerspruch.

Obwohl er auf dem Gebiet der Religion bestimmt kein Fachmann war, ist es für unsere Zwecke lediglich wichtig zu wissen, daß er auf der Seite der Religion stand. »In ihr«, so sagt er, »spürt der einzelne die Nichtigkeit menschlicher Wünsche und Vorhaben sowie die Majestät und wunderbare Ordnung, die sich in der Natur und in der Gedankenwelt offenbaren.«

Er forderte, daß die Wissenschaft und Kunst diese Gefühle im Menschen wecken und am Leben erhalten sollen. Er schrieb: »Die kosmische Religion ist der gewaltigste und edelste Impuls zu wissenschaftlichem Forschen ... Das Schönste und Tiefste, das der Mensch erfahren kann, ist das Gefühl des Geheimnisvollen. Wer es nicht erfahren hat, kommt mir wie tot, zumindest aber wie blind vor ... Das Wissen und die Existenz des für uns Unerforschlichen, der Offenbarungen tiefster Vernunft und strahlender Schönheit, zu denen unser Verstand nur in seiner ursprünglichsten Form gelangen kann, dieses Wissen und Gefühl ist wahre Religiosität ... Es steht fest, daß ein Überzeugtsein von der Vernunft und Faßlichkeit der Welt, entsprechend dem religiösen Gefühl, die Grundlage jeder komplizierteren, wissenschaftlichen Arbeit ist.

Meine Religiosität besteht in einer demütigen Bewunderung für den unendlich überlegenen Geist, der sich in dem Wenigen offenbart, das wir mit unserem schwachen und vergänglichen Verstand über die Wirklichkeit wissen können.«

Der russische Wissenschaftler Tsjolkowskij, der von einigen als der Initiator kosmischer Kommunikation angesehen wird, hat geschrieben: »Die höchste Vernunft, die im Universum regiert hat, regiert und regieren wird, läßt nichts Unvollkommenes zu.«

Die Wissenschaft wagt der Religion nicht zu widersprechen, da sie von allen Disziplinen am besten weiß, wie wenig sie eigentlich weiß.

Newton hat geschrieben: »Ich weiß nicht, was für einen Eindruck die Welt von mir haben mag, aber mir selbst kommt es so vor, als ob ich nur ein Junge gewesen wäre, der am Strand spielt und sich damit zerstreut, daß er hin und wieder einen hübscheren Kieselstein oder eine schönere Muschel findet, während der große Ozean der Wahrheit vollkommen unentdeckt vor Ihm liegt.«

Die Aussage, die Wissenschaft widerspreche der Religion, ist so, wie wenn man sagen würde, daß ein dreijähriger Junge, der am Strand spielt, ihr widerspricht.

Wo sind denn eigentlich die antireligiösen Behauptungen der Wissenschaft? Unsere Auseinandersetzung wird nicht mit der Wissenschaft ausgetragen, sondern mit Wissenschaftlern. Man braucht nicht weit zu gehen, bis man entdeckt, daß es bezüglich der größten wissenschaftlichen Probleme ebensoviele Theorien gibt wie Akademiker.

Lord Kelvin, der Präsident der Britischen Königlichen Gesellschaft für Wissenschaften erklärte im späten 19. Jahrhundert: »Fliegende Maschinen, die schwerer sind als Luft, kann es unmöglich geben.« Mit großer Selbstsicherheit schrieb er auch, daß »das Radio keine Zukunft hat«, und daß »Röntgenstrahlen sich als Schwindel entpuppen werden«.

Sir Richard Woolley, ehemaliger Hofastronom Englands, erkärte im Jahre 1956, daß »Raumfahrt barer Unsinn ist«.

Sich zu irren, ist eine vom Alter gekrönte menschliche Eigenschaft. »Ich werde sämtliche Pläne für neue Festungsanlagen und Kriegsmaschinen ignorieren, deren Erfindung die Grenzen erreicht hat und für deren Verbesserung ich keine weiteren Hoffnungen sehe«, schrieb Sextus Julius Frontinus, ein Techniker, im ersten Jahrhundert n. Chr. an Kaiser Vespasian.

Winston Churchill sah auch nicht mehr voraus; im Jahre 1939 erklärte er: »Die Atomenergie könnte so gut sein wie unsere heutigen Sprengstoffe. Aber es ist unwahrscheinlich, daß sich noch etwas Gefährlicheres herstellen läßt.«

Kunstkritiker haben sich nicht als besser erwiesen als Kriegsherren. Schrieb doch John Hunt im frühen 19. Jahrhundert: »Rembrandt ist in der Personendarstellung nicht mit unserem außergewöhnlich begabten Künstler Rippingdale zu vergleichen.« Und im Finanzbereich prognostizierte der Leiter des Internationalen Währungsfonds im Jahre 1959: »Aller Wahrscheinlichkeit nach ist die Weltinflation vorüber.«

Jeder vernünftige Mensch würde daraus sicher nicht den Schluß ziehen, daß wir auf Wissenschaft, Kunst und Finanzen verzichten sollten.

Wissenschaftler sind nur sehr kleine Geschöpfe auf einem winzigen Staubkörnchen des Universums. Im Vergleich dazu gibt es Quasare, die einen Durchmesser von Millionen Kilometern haben, tausendemal größer als die Erde. Was die vom Schöpfer der Wissenschaftler sowie der Quasare geoffenbarte Religion anbelangt, so bleibt diese unbeschadet – ganz gleich, wie viele Wissenschaftler aus wie vielen Zeitaltern ihr zu widersprechen suchen.

Wo ist denn die reine, nichtreligiöse Wissenschaft? Einstein sagt in »Die Welt, wie ich sie sehe«: »Wir haben große Schwierigkeiten, uns die Erfahrungswelt vor Augen zu führen ohne die Brille der althergebrachten (d.h. mystisch-religiösen, begrifflichen) Interpretation. Eine weitere Schwierigkeit ist, daß unsere

Sprache auf Worte zurückgreifen muß, die untrennbar mit diesen ursprünglichen (d. h. religiösen) Vorstellungen verknüpft sind.“

Die Wissenschaft selbst ist so sehr mit der ganzen religiösen Anschauung verbunden und umgekehrt, daß der Ausspruch, die Wissenschaft widerspreche der Religion, auf dasselbe hinausläuft, wie wenn man sagen würde, die Religion widerspreche der Religion.

Es ist interessant, daß sowohl Newton als auch Baron von Marchestown, der Begründer von Logarithmen, Kommentare zur biblischen Offenbarung des Johannes herausgegeben haben.

Die Religion kann in ihrem Verhältnis zur Wissenschaft sehr ruhig sein. Als Einstein einmal Kardinal Faulhaber einen Besuch abstattete, fragte er ihn: »Was würden Sie tun, wenn die Mathematik den Beweis erbringen würde, daß Ihr Glaube falsch ist?« Der Kardinal erwiderte: »Ich würde abwarten, bis die Mathematiker ihren Rechenfehler gefunden haben.«

*

Nehmen wir aber an, die Wissenschaft widerspreche der Religion: Wäre es dann unvereinbar, wenn man beide akzeptieren würde? Warum muß man konsequent sein? Die Wissenschaft selbst ist nicht mehr konsequent; sie selbst lehrt Widersprüchliches.

Werner Heisenberg sagt in »Schritte über die Grenze«: »Es läßt sich wahrscheinlich allgemein sagen, daß wir in der Geschichte des menschlichen Denkens die fruchtbarsten Entwicklungen dort gehabt haben, wo zwei unterschiedliche Denkweisen aufeinander getroffen sind. Diese unterschiedlichen Denkweisen dürften ihre Wurzeln in verschiedenen Bereichen menschlicher Kultur oder in verschiedenen Perioden, in verschiedener kultureller Umgebung oder verschiedenen religiösen Traditionen haben. Wenn sie wirklich zusammentreffen, wenn sie zumindest so weit miteinander in Berührung kommen, daß ein gegenseitiges Sich-Beeinflussen stattfindet, können wir hoffen, daß neue und interessante Entwicklungen nachfolgen.«

Das Atom wird, nach Bedarf, sowohl als ein Partikel als auch eine Welle angesehen. Niemand hat je ein Atom gesehen oder den Ort eines bestimmten Atomes angeben können. Man kann es mit einem Punkt vergleichen, der ein Gebilde ohne Dimensionen ist.

Ein Wissenschaftler lebt auf zwei Ebenen. In seinem Labor ist die Welt, mit der er sich befaßt, ein Gewirr von Atomen, Protonen, Elektronen, Neutronen. Seine Ehefrau ist auch eine Ansammlung solcher Gebilde, die mit Sicherheit nicht Liebe entfachen. Sobald er jedoch zu Hause ist, vergißt er die Wissenschaft, und seine Frau wird zu einem lieben Partner.

Ebenso braucht ein Wissenschaftler bezüglich seines geistlichen Lebens nicht wissenschaftlich vorzugehen. Im Labor kann er die Zusammensetzung von Materie erforschen, und in der Kirche kann er den Geist der Liebe verehren, der das All regiert.

Die Wissenschaft hat die Forderung nach unbedingter Folgerichtigkeit über Bord geworfen. Laßt uns in anderen Bereichen auf sie verzichten! Eine Seele kann den in der praktischen Religion verehrten menschenähnlichen Gott mit den erhabenen metaphysischen Vorstellungen vom unfaßbaren Gott verschmelzen lassen. Wir können auch von Liebe inspirierte, widersprüchliche sittliche Haltungen vereinen.

Die Wahrheit sitzt auf einem Stuhl mit vier Füßen, wovon die Wissenschaft nur *ein* Fuß ist. Die anderen sind Vernunft, Glaube und Intuition. Die Wahrheit nährt sich auch von der Phantasie.

Aus diesem Grund lassen wir uns nicht so leicht aus der Fassung bringen, wenn ein Zweig der Wissenschaft eine Zeitlang anscheinend der Religion widerspricht. Er wird seine Kenntnisse erweitern und es schließlich eines Tages, wann immer auch, bestimmt besser wissen.

In der Antike und im frühen Mittelalter wußten die Menschen noch nicht, was man heute über die Menschheit und den Kosmos weiß. Das Schloß kannten sie zwar nicht, aber sie besaßen den Schlüssel, welcher Gott ist. Heute haben viele zwar beste Beschreibungen über das Schloß, aber sie haben den Schlüssel verloren. Die richtige Lösung ist die Vereinigung von Religion und Wissenschaft. Wir sollten sowohl im Besitz des Schlosses als auch des Schlüssels sein.

Tatsache ist, daß die Wissenschaft in dem Maße, in welchem sie Fortschritte macht, das entdeckt, was vor Jahrtausenden in der Bibel gesagt worden ist.

Um nur ein Beispiel anzuführen: Der Evangelist Johannes weissagte in der Offenbarung, Kapitel 21, daß eine Stadt, das himmlische Jerusalem genannt, rund 2.500 Kilometer hoch, breit und tief, vom Weltraum auf die Erde kommen wird. Zweitausend Jahre lang verneinte die Wissenschaft solch eine Möglichkeit. Heute senden wir von unserem winzigen Planeten himmlische Laboratorien (Skylabs) und sprechen ernsthaft von »Raumfahrstädten«.

Das Buch, das vor zweitausend Jahren von einem ungebildeten Fischer verfaßt wurde, war Wissenschaft, *weil* es religiös war.

*

Nehmen wir also an, daß es einen Gott gibt. Gut, wer ist Er? Was ist Er? Was meinen wir, wenn wir »Gott« sagen?

Auf diese Fragen gibt es nur eine einzige mögliche Antwort: Gott ist Gott. Jede Beschreibung von Gott ist nur eine Beschreibung von Ihm, und nicht Gott. Jede Aufzählung der Eigenschaften Gottes ist eine Aufzählung Seiner Eigenschaften, und nicht Gott.

Der Name »Gott« ist nicht Gott, ebensowenig wie ich mein Name bin. Nur Gott ist Gott.

Da Gott über jedem anderen Geschöpf steht, bekommen alle über Ihn in Worte aufgestellten Behauptungen, die auf andere Geschöpfe anwendbar sind, einen unterschiedlichen Sinn. Was ein Häftling und ein Millionär als gutes Essen bezeichnen, sind zwei verschiedene Dinge. Für einen primitiven Menschen ist eine Beethoven-Symphonie keine gute Musik.

Wie ist Gott? In der Bibel steht geschrieben, daß »Er ... anzusehen war gleichwie der Stein Jaspis und Sarder« (Offenbarung 4:3). Wenn du dich fragst, warum Er mit einem Stein verglichen wird, lautet die richtige Antwort hierauf, daß du, wäre ein anderer Vergleich benutzt worden, dieselbe Frage gestellt hättest. In der Bibel wird Gott auch »Mann«, »Krieger« und »Weingärtner« genannt. Er wird mit einem »brüllenden Löwen« verglichen usw., um zu zeigen, daß Gott als allem ähnlich verstanden werden kann.

In »Exodus Rabbah« wird uns berichtet, daß Rabbi Josua ben Perachiah gefragt wurde, warum Gott zu Mose aus einem Dornbusch gesprochen habe. Er erwiderte: »Alles, was Gott tut, kann in Frage gestellt werden, aber ich werde dich nicht ohne eine Antwort gehen lassen. Gott hat diesen kargen, kleinen Strauch gewählt, um dich zu lehren, daß es keinen Platz auf Erden gibt, an dem Gott nicht zugegen sein kann, nicht einmal ein Dornbusch.«

Nach der Bibel durchläuft Gott verschiedene Stadien. Er kann erwachen, sich erheben, hinab steigen (von woher?), singen, rufen, segnen, verfluchen. Der Psalmist sagt: »Unser Gott kann schaffen, was Er will« (Psalm 115:3). Wir können nicht in Worte fassen, was Er wirklich ist, weil alles, was wir sagen könnten, wäre, daß Er im Zentrum ist, während unsere Existenz am Rande verläuft. Der Mittelpunkt eines Kreises läßt sich nicht zeichnen, weil der wahre Mittelpunkt in Wirklichkeit der Mittelpunkt jenes Punktes ist, den man zeichnet.

In der Bibel lesen wir, daß der Mensch nicht von der Frucht des Baumes essen soll, der mitten im Paradies steht. Kann man denn einen Baum in »die Mitte« pflanzen? Die Mitte wird immer in der Mitte selbst der kleinsten Stelle sein, an der jemand einen Baum pflanzt. Wir alle leben außerhalb der Mitte.

Thomas von Aquin benutzte in seinem Werk »Sentenzen« als erster den Ausdruck »Attribute Gottes«. Gott ist gut, gerecht, mächtig usw. genannt worden. Alle diese auf Gott angewandten Bezeichnungen bedeuten ein und dasselbe, aber mit vielen Unterschieden, damit unser begrenzter Verstand Ihn auf mannigfaltige Weise erfassen kann.

Luther versuchte, die Frage zu beantworten »Was bedeutet es, einen Gott zu haben?« oder »Was ist Gott?«: »Gott ist der Eine, von dem man alles Gute erwartet und erhält und bei dem man in jeglicher Not Zuflucht sucht. Einen Gott zu haben bedeutet daher nichts anderes, als aufrichtig an Ihn zu glauben und Ihm zu vertrauen. Nur die Art und Weise, wie ich in meinem Herzen glaube und vertraue, bestimmt, ob ich einen Gott oder einen Abgott habe. Wenn dein Glaube und Vertrauen echt und recht sind, hast du deinen wahren Gott. Wenn dein Vertrauen falsch und unecht ist, ist der wahre Gott nicht da, weil die beiden zusammengehören, Glaube und Gott. Der Eine, an den du dein Herz hängst, und dem du vertraust, ist wirklich dein Gott.«

Das ist keine Definition, weil wir Gott zu wenig kennen, um Ihn definieren zu können. Ein französisches Sprichwort sagt: »Un dieu défini est un dieu fini«, ein definierter Gott ist ein toter Gott.

Wir haben Gott zwar noch nicht gesehen, aber wir sehen die Schönheit und Weisheit in Seiner Schöpfung, die Er nicht mitgeteilt haben könnte, wenn sie nicht Teil von Ihm wären. —Wir sind mit dem wenigen, das wir wissen, zufrieden. Luther hat geschrieben: »Wer glaubt, daß Gott barmherzig ist, hat einen barmherzigen Gott. Wie man glaubt, so hat man es dann auch.«

Wenn der Mensch sich schon sehr unterschiedlich verhalten kann, um wieviel mehr dann Gott. Er kann mich ins Licht führen oder in die Finsternis gehen lassen (Klagelieder 3:2).

Ohne über Gott viel nachzudenken, erkennen wir diese wenigen Dinge durch einfachen Glauben, und damit sind wir zufrieden. Warum sollen wir über Gott nachdenken? Was würde ein Protozoon (Einzeller) vom Menschen denken? Wenn es zumindest einen kleinen Verstand besäße, würde es wissen, daß seine Vorstellungen vom Menschen nur falsch sein können.

Als mein Sohn fünf Jahre alt war, fragte er mich einmal: »Was soll ich tun? Mir ist langweilig.« Ich antwortete: »Denke über Gott nach!« Da sagte er: »Warum soll ich mit meinem kleinen Kopf über Gott nachdenken? Soll doch Er mit Seinem großen Kopf über mich nachdenken.«

Wir sind mit dem Wenigen zufrieden, das uns durch den Glauben gewährt wird.

Die Bibel sagt, daß für Gott ein Tag wie tausend Jahre ist, und tausend Jahre wie ein Tag. Dem ist so, weil Er außerhalb der Zeit lebt. Ähnlich ist ein Gramm im Zustand der Schwerelosigkeit wie tausend Kilos.

Eines Tages wird es für uns keine Zeit mehr geben. Wir werden bei Ihm sein. Dann werden wir wissen.

Bis dahin belästigen wir Ihn nicht mit Fragen, vor allem nicht mit all unseren Warums und Wozus. Da Gottes Welt zeitlos ist, läßt sie sich nicht ohne weiteres in Ursache und Wirkung einteilen. Die Frage »Warum?« gehört einem anderen Bereich an und ist daher religiös nicht zu beantworten.

Anstatt uns in all diese Spekulationen einzulassen, glauben wir einfach. Gott hat sich als die Liebe offenbart. Er hat sich zwar auch als der Richter über alle offenbart, was nur beweist, daß es richtig ist, wenn Sünder Angst haben. Aber eine der in der Bibel geoffenbarten Eigenschaften Gottes (siehe Jona 4:2) ist, daß er vieles bereut. Sünder, die an Ihn glauben, können daher zuversichtlich sein, weil sie wissen, daß Seine Strafandrohungen nicht absolut sind. Er kann sie später bereuen.

*

Anstatt zu versuchen, in unergründbare Tiefen hinabzusteigen, sollten wir unser Bestes tun, um Gott Ehre zu bringen. Wenn jemand wissen möchte, wie Gott ist, soll er einen wirklichen Gläubigen betrachten. Suche den Menschen, der Gott am ähnlichsten ist, der so ist, wie Gott wäre, wenn Er auf Erden wandeln würde, und du wirst ein wenig davon erfahren, wer Er ist.

Viele haben Gott im Himmel gesucht. Ihr Suchen war zum Scheitern verurteilt. Wie kann man erfolgreich jemanden suchen, dessen Namen, Aussehen und Wohnsitz man nicht kennt?

Gott lebt unter vielen Gestalten und Namen, wie einer, der nicht entdeckt werden möchte. Niemand hat Ihn je gesehen. Wir haben weder ein Photo von Ihm, noch Seine Fingerabdrücke. Seinen ehemaligen Tempel in Jerusalem gibt es nicht mehr; desgleichen die liebende Urkirche, in der alle Gläubigen ein Herz und eine Seele waren.

Es gibt nicht die geringste Möglichkeit, einen solchen Gott zu finden.

Aber Er findet uns, und Er fordert uns auf, wiedergeboren zu werden und ein neues Leben zu beginnen, wie Gott es leben würde, wenn Er auf Erden wäre.

Ein Kind zeichnete einmal Gott. Man mahnte es:

»Gib dieses dumme Unterfangen auf. Gott ist unbekannt.« Das Kind antwortete einfach: »Wenn ich mit meiner Zeichnung fertig bin, wird er bekannt geworden sein.«

Der unsichtbare Gott wird in denen sichtbar, die durch den Glauben von einer Herrlichkeit zur anderen in Sein Bild verklärt werden (2. Korinther 3:18).

Unsere Ähnlichkeit mit Gott besteht darin, daß auch wir Schöpfer sind. Jeder Mensch schafft sich seine Umgebung, die Welt, in der er lebt, wie eine Seidenraupe ihren eigenen Kokon spinnt. Eine schlechte Welt oder eine gute – der Mensch ist ihr Schöpfer. Derjenige, der glaubt, schafft die beste Welt, einen Himmel.

In dieser Welt mit ihren Schönheiten und Wonnen kann man vor Freude trunken sein. Wenn Gottes Schöpfung ergötzlich ist, um wieviel mehr dann Gott, dem wir die Schönheit der ganzen Schöpfung verdanken? Und wenn das erschaffene Leben gut ist, um wieviel mehr dann ihr Schöpfer, der Eine, der dem Menschen die Macht gegeben hat, auch zu erschaffen? Und wenn das Heil gut ist, um wieviel mehr dann erst sein Spender?

Deshalb lieben wir den Einen Guten, der genügt, in dem alles, was gut ist, enthalten ist. Im Hebräischen wird Er daher »El-Schadai« genannt, der ausreichende Gott. Was wird Er Seinen Lieben vorenthalten?

Wenn wir mit Ihm leben, erfreuen wir uns all der Freuden Gottes und Seiner Geschöpfe. Jede Freude, die nicht in Gott ist, ist nicht vollkommen, weil es abseits von Ihm keine bleibende Freude gibt.

*

Notwendig ist allein, daß man den wahren Gott hat, den Gott, der ist, was Er ist, und nicht so, wie unser unstetes Ich Ihn in Momenten der Torheit haben will.

In China gibt es Volksstämme, die ein Fernsehgerät vor die Statuen ihrer Götter stellen, um diese zu unterhalten, die aber auch ihre Götter wegwerfen, wenn diese ihnen ihre Wünsche nicht erfüllen. Der wahre Gott wohnt in unerreichbaren Höhen, und Ihn in all Seinem Glanz zu erkennen, beschert unaussprechliche Freude.

Wissenschaftliche Wahrheit, die Wahrheit über die Menschheit, kann man durch Erfahrung erlangen. Im Labor läßt sich jedoch nicht beweisen, daß Gott gut und in schweren Zeiten eine Zuflucht ist. Ein gottesfürchtiges Leben ist nötig, um die Menschen zu überzeugen, daß es Ihn in der Tat gibt.

In der Bibel wird Gott als eine Gestalt mit Flügeln beschrieben. Sein Fliegen ist zielbewußt. Er hat einen Plan zu erfüllen. Ein planloses Leben kann Ihn daher nicht darstellen. Doch derjenige, dessen Ziel es ist, gottesfürchtig zu werden, wird feststellen, daß sein Leben zu den Menschen von Gottes Zielen sprechen wird.

Wir sollten ein Ziel haben und nur das höchste wird genügen. Als Christen, die wir das Wiederkommen Jesu erwarten, haben wir die Verheißung, daß, »wenn Er erscheinen wird, wir Ihm gleich sein werden« (1. Johannes 3:2). In Anbetracht einer solchen Verheißung wäre es töricht, weniger als dies anzunehmen. Wie ein großer Heiliger, wie ein Genie oder wie ein Engel zu sein, genügt uns nicht.

Viele berühmte Lehrer des Christentums, wie beispielsweise Origenes, Athanasius, Gregor von Nazianz und andere, sprechen von der »Theopoiesis« des Menschen durch Christus, von Verwandlung des Menschen in Gott. Christus, der ewige Sohn Gottes, empfing Seine Fülle durch Seine Menschwerdung. Das war nicht bloß ein begrenztes historisches Ereignis; Er stellte vielmehr eine ständige Verbindung zur Menschheit her. Wir können unsererseits eine ständige Verbindung zu Ihm herstellen, nämlich durch Bußfertigkeit, Glauben, Taufe und heilige Kommunion.

*

Selbst wenn dies nicht die sichere Wahrheit wäre, die sie ist, sondern nur eine schwache Möglichkeit, wäre es jede Bemühung wert.

Wenn man mich auffordern würde, an einer Lotterie teilzunehmen, bei der ein Los ein irdisches Leben voller Sorgen und Mühsal kosten würde, aber die Aussicht böte, ewiges Leben im Paradies zu gewinnen, würde sich jeder Einsatz lohnen. Wir brauchen aber gar nicht zu spielen; wir bewegen uns in der Gewißheit des Glaubens.

Diamanten und andere kostbare Juwelen werden in Safes aufbewahrt und nur selten, und dann nur unter großen Sicherheitsvorkehrungen, ausgestellt. Sind sie weniger wirklich, weil man sie geheim aufbewahrt? Auch der Glaube hat seine Geheimnisse. Das Schloß, das für seine Sicherheit garantiert, findet man in den Worten Jesu, der gesagt hat: »Ihr sollt das Heilige nicht den Hunden geben, und eure Perlen sollt ihr nicht vor die Säue werfen, auf daß sie dieselben nicht zertreten mit ihren Füßen und sich wenden und euch zerreißen« (Matthäus 7:6).

Selbst in diesem Buch könnte ich die Sünde begehen, zu weit zu gehen, und dadurch zu sündigen. Doch die Liebe zu Atheisten und der Wunsch nach ihrem Heil haben mich veranlaßt, das Unzulässige zu tun, das Unaussprechliche zu sagen und das Unerklärliche zu erklären.

Ich habe bereits von einem gewissen Usa berichtet, der starb, weil er geglaubt hatte, er müsse seine Hand ausstrecken, um einen unberührbaren heiligen Gegenstand zu halten.

Gott braucht keine Verteidigung. Mein Eifer und

meine Ungeduld, dich auf der Seite Gottes zu sehen, zwingen mich, diese Zeilen zu schreiben.

*

Auf die Frage, was Gott vor der Erschaffung der Welt getan hat, antwortete Luther trocken: »Zuvor saß Gott in einem Wald und schnitt Ruten, mit denen er diejenigen züchtigen wollte, die dumme Fragen stellen.«

Dies war nicht ernst gemeint. Das einzige, was wir über Gott vor der Erschaffung der Welt wissen, ist das, was Er selbst offenbart: daß Er einen Sohn hatte, den Er liebte und verherrlichte (Johannes 17:5), und daß der Heilige Geist von ihnen beiden ausging. Wir nennen das die »Dreifaltigkeit.«

Andere Gedankensysteme, die dem Christentum vorausgegangen sind, haben auch Gott als Trinität gekannt. Die Hindus kannten Ihn als Brahma, Wischnu und Schiwa, als den Schöpfer, Erhalter und Zerstörer. Aristoteles hat geschrieben: »Das Dreigeteilte umfaßt einen Anfang, eine Mitte und ein Ende und ist daher geeignet, den Gedanken von Vollendung auszudrükken. Es liefert uns auch eine Grundform für die Raumverhältnisse.« Im Christentum ist die Vorstellung von Trinität jedoch weitaus sorgfältiger durchdacht.

Gott ist höchste Güte. Unter »Gott« versteht man ein Wesen, wie man sich ein Höheres nicht vorstellen kann. Da Er gut ist, muß Er Liebe zeigen. Keiner zeigt Liebe, wenn er nur sich selbst liebt. Wenn Gott liebt, muß es immer den Liebhaber, den Geliebten und die Liebe gegeben haben: Vor der Erschaffung der Welt muß es eine Trinität gegeben haben.

Ein Wesen kann nur für einen Gleichgestellten höchste Liebe empfinden. Man kann eine Katze nicht so lieben wie einen Mitmenschen. Die geliebte Person in der Trinität muß dem Vater gleichgestellt sein. Gott wäre nicht vollkommen, wenn Er nicht mit einem anderen Seinen ganzen Ruhm teilen würde.

Es gibt jedoch noch etwas Größeres und Höheres, als nur eine andere Person zu lieben, nämlich diese beiderseitige Liebe mit jemand anderem zu teilen, so daß jede Person Anteil hat an der Liebe, die sie gibt, und an der Liebe, die sie empfängt. Wieder würden die beiden all ihren Ruhm mit einer dritten Person teilen müssen. Und die drei müssen einander ebenbürtig sein. Die Wonne des Liebens und Geliebtwerdens muß von den beiden mit der dritten Person geteilt werden, die wiederum all ihre Liebe teilen würde. Drei sind vonnöten, um vollkommene Liebe zu verkörpern und zu teilen. Das ist die einzige annehmbare Vorstellung von Gott.

Gott muß dreifaltig sein.

Eine Vorstellung ist ein Bild von deren Objekt. Wenn der Vater über Sein göttliches Wesen nachdenkt, denkt Er vollkommen. Diese Vorstellung von Ihm, dem »Logos«, wie sie auf Griechisch heißt, drückt Gottes Wesen vollständig aus. Vater und Sohn lieben sich vollkommen. Der heilige Bernhard von Clairvaux hat gesagt, der Heilige Geist sei ein zwischen den beiden getauschter Kuß.

Das ist das Maximale, was wir über Gott sagen können. Wir kennen nicht einmal die Struktur eines Atoms. Wie können wir die Einzelheiten über die Dreifaltigkeit wissen?

Gott ist eins, sagt die hebräische Bibel. Eins ist Gott, heißt es wortwörtlich im griechischen Original des Neuen Testamentes. Es gibt viele Sonnen, aber es kann nicht viele Götter geben. Einheit schließt jedoch Dreifaltigkeit nicht aus. Es trifft nicht zu, daß eins nicht gleich drei sein kann.

Es gibt beispielsweise Pilzsporen und Mikroorganismen, die, von unsichtbaren Kräften bewegt, zusammenkamen, um ein Plasmodium vieler verschiedener

Zellen zu bilden, die sich wie ein einziger Organismus verhalten.

*

Wenn man von Einheit spricht, bedeutet das nicht, daß es keine Spannungen zwischen den Personen der Dreifaltigkeit gibt. Wenn es keine Spannungen gäbe, wozu bräuchte man dann die Liebe? Liebe ist das Überbrücken von Verschiedenheit. Wenn es keine Verschiedenheit gäbe, warum wäre dann die Frage der Einheit unter den Personen der Dreifaltigkeit wichtig? Einheit muß nur dann begründet werden, wenn es Individualität gibt.

Jesus, der Sohn Gottes, betete im Garten Gethsemane zum Vater, daß der bittere Kelch, gekreuzigt zu werden, von Ihm genommen werde. Doch der Vater kommt dem Wunsch Seines Sohnes nicht nach. Der Prophet Jesaja hat geschrieben: »Der Herr wollte Ihn zerschlagen« (Jesaja 53:10). Nach Seiner Auferstehung sagte Jesus zu Seinen Jüngern, daß der Heilige Geist erst nach Seinem Weggehen auf sie herabkäme, als ob die zwei nicht auf unserem Planeten zusammen sein könnten.

Die Kreuzigung des Gottessohnes auf Seines Vaters Erde war das dramatischste Ereignis der Geschichte. Jesus rief in Seiner Pein am Kreuz: »Mein Gott, mein Gott, warum hast du mich verlassen?« In diesem Äußersten aber wurden die Liebe und Einheit zwischen den beiden erhöht, wie die nachfolgenden Worte Jesu zeigen: »Vater, in deine Hände befehle ich meinen Geist.«

Vater, Sohn und Heiliger Geist sind einander ebenbürtig aber nicht miteinander identisch. Zwischen einer gotterfüllten, christuserfüllten und geisterfüllten Person besteht ein Unterschied.

Eine gotterfüllte Person umfängt das ganze Universum. Für eine christuserfüllte Person ist einfach Gott plus der Mensch eins. Während Gott reine Einheit ist, ist Christus der Mittler zwischen zwei Parteien. Angelus Silesius hat geschrieben: »Ohne den Menschen ist Gott nicht eins.« Die christuserfüllte Person ist historisch begrenzt. Sie ist an eine Episode in der Existenz der Erde gebunden: an das Leben Christi.

Nach Seiner Auferstehung fragte Jesus zwei Jünger, die auf dem Weg nach Emmaus waren: »Was ist in den letzten Tagen in Jerusalem geschehen?« – Vieles war geschehen: Stürme hatten getobt, die Natur war erschüttert worden, die Erde hatte gebebt und eine überirdische Finsternis war über das Land hereingebrochen. Kinder waren zur Welt gekommen, Menschen waren gestorben; Männer hatten in ihren Berufen gearbeitet, Frauen die Mahlzeiten zubereitet. Jerusalem hatte viele Besucher gesehen, die alle in diese Ereignisse mit hineingezogen worden waren.

Aber diese Jünger waren christuserfüllt. Als sie daher gefragt wurden, was in Jerusalem geschehen sei, berichteten sie nur, was Jesus widerfahren war.

Christus ist ein aus vielen einzelnen Personen bestehendes Wesen. Die Bibel sagt, daß jeder Gläubige ein Glied Seines Leibes ist.

Der geisterfüllte Mensch wird gänzlich von den Dingen des Heiligen Geistes in Anspruch genommen. Die Bibel spricht davon, wie er im Licht geht und »die Früchte des Geistes sind: Liebe, Freude, Friede, Geduld, Freundlichkeit, Güte, Treue, Sanftmut und Selbstbeherrschung. Wider solche ist das Gesetz nicht«, schreibt der Apostel Paulus (Galater 5:22,23).

»Und Gott schuf den Menschen zu seinem Bilde … und schuf sie als Mann und Frau« (1. Mose 1:27). Er ist der Ursprung des Höchsten und Besten in Frau und Mann. Die Eigenschaften eines jeden wurden von Gott gegeben.

Im Jakobusbrief (1:18) wird der griechische Ausdruck »apegneseu«, gebären, in bezug auf Gott verwendet, obwohl dieser Ausdruck im Griechischen sonst ausschließlich in bezug auf eine Mutter gebraucht wird.

Hier haben wir einen weiblichen Ausdruck für Gott. Er ist ein Vater, aber *nicht nur* ein Vater. Im Propheten Jesaja (49:15) wird mit den folgenden unvergeßlichen Worten Gott mit einer Mutter verglichen: »Kann auch ein Weib ihres Kindleins vergessen, daß sie sich nicht erbarme über den Sohn ihres Leibes? Und ob sie seiner vergäße, so will Ich doch deiner nicht vergessen.«

*

Der Glaube an Gott verändert vollkommen die Einstellung eines Menschen sowohl zum Leben als auch zum Tod.

Im antiken Griechenland erdrosselten Spartaner schwächliche Kinder. Nietzsche, der Lieblingsphilosoph Hitlers und Mussolinis, schimpfte über Kranken- und Waisenhäuser. Hegel sagte, der Mensch habe das unbestrittene Recht, durch den Tod allem Leiden ein Ende zu setzen. Heute macht das Thema »Euthanasie« Schlagzeilen.

Wenn man beweisen könnte, daß das Universum ohne Gott ist, hätten Nietzsche und Hegel recht.

In meiner Jugend war ich mir sehr sicher, daß es keinen Gott gäbe, doch das stimmte mich traurig. Ich wünschte, daß es einen Gott gäbe, und bedauerte, daß Er nicht existiert, weil jemand, der weiß, daß es einen Gott gibt, sich beschützt und behütet fühlt. In der Bibel bedeutet der Name von Gottes heiligem Berg Zion treffenderweise »Schutz.«

In dem Maße, in dem auch Atheisten das Gefühl haben, beschützt zu sein, haben sie sich unbewußt Gott zugewandt. Sie hatten sich nach Ihm gesehnt. Ihnen fehlen jedoch all die vielen großen und übernatürlichen Hilfen, die sich nur einstellen, wenn man an Ihn glaubt. Der Glaube, ohne den es unmöglich ist, Gott zu gefallen und in den Genuß der Gemeinschaft mit Seinen anderen Kindern zu kommen, kennzeichnet den Beginn des Heiles eines Menschen. Der Glaube an Gott bringt einen in den Bereich der Vergebung.

Ein Mensch, der als Erwachsener ohne Glauben stirbt, kann nach dem Gesetz Gottes normalerweise nicht erlöst werden, sondern überantwortet sich dem Höllenfeuer. Wenn er an Gott glaubt, hat er hingegen geistigen Frieden und die Antwort auf so manche Fragen über den Sinn des Lebens und was ihm folgt.

Wenn er einmal erfahren hat, was es bedeutet, an einen guten Gott zu glauben, schwindet seine Verzweiflung gänzlich. In der Tat ist Verzweiflung für einen Gläubigen Sünde, da er das ganze Leben so anzunehmen lernt, wie es auf ihn zukommt, weil er weiß, daß hinter dem düsteren Unbekannten Gott im Schatten steht und über die Seinen wacht.

Der Glaube an diesen guten Gott veranlaßt einen, Ihn fortwährend zu preisen. Die Unzufriedenheit mit den Ungerechtigkeiten des Lebens schwindet dahin wie Morgentau. Mühsal wird von einem weisen und wohlwollenden Vater zugelassen, den wir derzeit noch nicht verstehen. Das ist alles.

Ein Mensch, der an Gott glaubt und dem niedrigsten Stand angehört, weiß, auch wenn er von anderen verachtet wird, daß er von dem höchsten Wesen im Universum geschätzt wird, und kann deshalb seine Selbstachtung bewahren.

Wenn ein Mensch an Gott glaubt, kann er wissen, daß sein Nächster genauso Gottes Geschöpf ist wie er selbst. Deshalb ist auch dieser zu Liebe und Achtung berechtigt.

Niemand könnte uns überzeugen: »Alle Menschen stammen von Affen ab; wir sollen daher einander lieben.« Stalin, ein Bewunderer Darwins, zog den logischen Schluß aus dessen Buch: Der Mensch ist das Ergebnis eines erbitterten Lebenskampfes gegen andere Arten. In diesem Kampf überlebten die erbarmungslosesten. Daher werde ich erbarmungslos sein!

Nur der Glaube an einen Gott der Liebe, der unser gemeinsamer Schöpfer war, kann bewirken, daß wir einander lieben.

Der Glaube an diesen Gott macht einen tugendhaft.

*

Es heißt, daß eine sündige Frau einmal den heiligen Ephräm zur Unzucht verführen wollte. Als Ephräm ihren bösen Plan durchschaute, sagte er zu ihr: »Komm mit!« An einem Ort mit vielen Menschen angelangt, sagte er: »Jetzt kannst du tun, was dir beliebt.« Sie antwortete: »Es wäre schmachvoll, es vor so vielen Menschen zu tun.« – »Wenn wir uns vor den Menschen schämen«, kam die Erwiderung, »um wieviel mehr sollten wir uns dann vor Gott schämen, der selbst in der Dunkelheit Verborgenes sieht.« Da tat sie Buße und gab ihre üblen Absichten auf.

Es wird häufig angenommen, daß man, wenn man nicht mehr an Gott glaube, an nichts glaube. Leider ist es noch schlimmer: Wenn man nicht mehr an Gott glaubt, glaubt man an allerlei. Man glaubt an Ungeheuer wie Stalin, Hitler und Mao.

Die Französische Revolution ersetzte die Vorstellung von einem heiligen Gott durch eine heilige Menschheit. Die Sowjets verbannten den Gedanken an Gott und erhoben stattdessen die Arbeiterklasse zu ihrem Gott. Jeder, der den wahren Gott nicht liebt, vernichtet letzten Endes seinen eigenen Gott.

Menschen haben sogar Christus getötet, der den guten Gott verkörperte. Französische Revolutionäre töteten Menschen ohne Unterschied; russische Kommunisten ermordeten Hunderttausende von Arbeitern.

*

Es gibt einen Gott, und ich bin Teil Seines Lebens. Außerhalb von Gott hat das Menschsein keinen Sinn, so wie eine Niere außerhalb des menschlichen Körpers nur noch zu Hundefutter taugt.

In gewisser Hinsicht vervielfältigt sich Gott in Seinen Kindern. Die Menschheit wäre ohne die vielen Reproduktionen nie in den Genuß der Schönheit von Leonardo da Vincis Mona Lisa gekommen. Und auch die Bibel hätte ohne die Millionen von Abschriften, Übersetzungen und Drucken keinerlei Auswirkungen gehabt.

Aus dem gleichen Grund offenbart sich Gott in Seinen Kindern, die über die ganze Welt verstreut sind. Wir sind die Namensträger des Vaters. Wir können Seinen Namen verunehren oder erstrahlen lassen.

Ein gläubiger Mensch hat somit eine große Berufung. Gott weiß jedoch, daß wir schwach sind, und Er verlangt von uns kein Ding der Unmöglichkeit. Wir sollen nur das wenige, was wir tun können, tun und für das beten, was wir nicht tun können. Sein Ruhm kann sogar in unseren Schwächen zutage treten.

Das christliche Leben ist ein Leben des Gehorsams. Da wir so wenig wissen, erweisen wir Gott gleichermaßen für alles Erschaffene wie auch für widrige Umstände die Ehre.

Was Unbehagen in mir hervorruft, könnte Ihm gefallen. Kreuzigung ist eines der schlimmsten Dinge, die einem Menschen widerfahren können, doch der Herr wollte Jesus zerschlagen (Jesaja 53:10). Er wußte, was auf die Kreuzigung folgen wird – eine glorreiche Auferstehung und das Heil der Menschheit.

Und so bewahren wir selbst bei Erdbeben oder

wenn Tausende um uns herum getötet werden die Ruhe. Gläubige konnten sogar in Todeslagern wie Auschwitz gelassen bleiben. Gottes Wege sind unerforschlich und geheimnisvoll, aber wir wissen, daß Er auch auf schiefen Linien gerade schreiben kann.

Deshalb besteht unsere Hauptbeschäftigung darin, Sein Angesicht zu suchen. Wir wollen uns vorstellen, das vollkommenste, barmherzigste und gerechteste Wesen stünde direkt vor uns, und wir wollen Seinen milden Ausdruck von Liebe betrachten, mit dem Er uns zuhört.

Wenn Sein Angesicht manchmal traurig ist, dann sei nicht so voreilig und vermute, daß du Ihn betrübt hättest. Vielleicht ist Er über Vorfälle bekümmert, die in einer Seiner vielen anderen Sphären geschehen, und nicht, weil deine Beziehung zu Ihm gespannt oder gestört wäre.

Fange nicht an zu raten! Wichtig ist, daß wir uns nicht zu dem Glauben verleiten lassen, die Not der Welt sei die Stimme Gottes.

Der Pfarrer einer offiziellen Kirche in Rußland, ein Helfershelfer der Kommunisten, behauptete von sich, Gott habe, während er im Gefängnis gewesen sei, weil er in der Untergrundkirche tätig gewesen war, zu ihm gesprochen und ihm gesagt, daß er mehr ausrichten könne, wenn er mit den Kommunisten Kompromisse schließe.

Anstatt herumzurätseln oder falsche Schlüsse zu ziehen, wenn du die Traurigkeit Gottes siehst, mach es dir zu Aufgabe, Ihm Trost zu spenden. Ein guter Christ ist ein Mensch, der so handelt, daß Gott über ihn mit Jauchzen fröhlich sein kann. (Zephanja 3:17). Er bringt Gott zum Frohlocken, selbst wenn er gerade durch ein dunkles Tal geht.

*

Gott ist Liebe. Wenn Er eine bestimmte Lösung unserer Probleme wüßte, würde Er sie lösen. Wenn Er ein Wort wüßte, das dir sofort helfen könnte, würde Er es mit Sicherheit sagen. Wenn du keine Lösung hast und das richtige Wort nicht finden kannst, dann wisse, daß die Zeit für eine Lösung noch nicht gekommen ist. Selbst Gott kann nicht bewirken, daß ein drei Monate alter Embryo über Nacht ein gesunder Säugling wird.

Bis zur Fülle der Zeit in Seiner guten Vorsehung wollen wir uns daher gedulden, gläubig warten und Gott eine Freude sein.

Gott und der Gläubige sind wie zwei Geister, die in einem Körper wohnen. Das ist fast so, wie die heilige Jungfrau Maria das göttliche Jesuskind unter ihrem Herzen nährte. Wie jede Schwangere mußte sie es vermeiden, traurig und betrübt zu sein, weil sich solche Stimmungen schädlich auf die Psyche des Kindes auswirken können.

Wir müssen mit Gott feinfühlig umgehen. Uns erscheint Er oftmals paradox. Tatsächlich kennt derjenige, der sich dieses Doppelsinnes nicht bewußt ist, Ihn überhaupt nicht. Der Gläubige vertraut Ihm daher, auch wenn es den Anschein hat, als ob Er in eine falsche Richtung führen würde.

Nach welchen Kriterien kann man Ihn beurteilen? Er ist Gott und nicht Mensch. Unsere Enttäuschungen sind Zeiten, in denen der Glaube auf die Probe gestellt wird.

Die heutige Generation verehrt moderne Maler und Rocksänger, die den Menschen so darstellen, wie dieser beschaffen wäre, wenn ihn der Teufel erschaffen hätte. Es ist weitaus besser, Gott zu preisen. Wenn wir Gott preisen, sind wir auch fähig, Menschen zu preisen. Es ist das Öl, das die besten Beziehungen unter den Menschen schmiert.

Wenn Gott Sein Angesicht über dir leuchten läßt, wird es tröstlich für dich sein, wenn du siehst, wie oft

Er lobend auf dich blickt. Das hebräische Wort für »Gesicht« ist immer in der Mehrzahl – »Panim.« Sogar die Heiden besaßen genügend Erkenntnis, die Götter in ihren Tempeln mit vielen Gesichtern darzustellen. Wenn Gott manchmal ärgerlich auf dich herabzublikken scheint, dann verzweifle nicht. Wisse, daß Er auch ein Antlitz der Liebe hat, das im Augenblick abgekehrt ist. Preise Ihn und bewirke, daß Er sich dir wieder zuwendet, und singe.

Um uns von unseren Sünden zu erlösen, gab Jesus, der Sohn Gottes, Seinen Leib dahin, damit er für uns gebrochen werde. Im Lauf der Geschichte haben Tausende von Christen ihren Körper brechen lassen, um ihren Mitmenschen zu zeigen, daß die Liebe die beste Auslegung von Gottes Geheimnis und Schweigen ist und, daß Er es verdient, daß man Ihm vertraut.

*

In unserer Beziehung zu Gott hören wir von Ihm ein Echo auf unsere Gebete.

Wir sagen zu Ihm: »Geheiligt werde dein Name.« Er wiederum sehnt sich danach, daß wir Heilige seien, damit Er unseren Namen heiligen kann. Wir sagen zu Ihm: »Dein Reich komme.« Er erwidert, daß das Königreich des Himmels unser ist. Wir beten: »Dein Wille geschehe, wie im Himmel so auf Erden.« Er läßt zu, daß unsere Wünsche erfüllt werden. Wir bitten Ihn um unser tägliches Brot. Er bittet uns um das Brot unserer Opfer. Wir bitten: »Führe uns nicht in Versuchung.« Er verlangt, daß wir Ihn nicht in Versuchung führen. Wir sagen: »Bewahre uns vor dem Bösen.« Doch Engel rufen: »Das Heil ist bei dem, der auf dem Thron sitzt« (Offenbarung 7:10). Er möchte, daß wir die Dinge loswerden, die Ihn auf dieser Welt in Verruf bringen.

Unsere Beziehung zu Ihm soll daher eine Beziehung der Liebe sein. Gott erschien Abraham und sagte zu ihm: »Ich bin dein Schild und dein sehr großer Lohn«, worauf Abraham entgegnete: »Herr, mein Gott, was willst du mir geben?« (1. Mose 15:1,2). Laßt uns unsere Gemeinschaft nicht gleichfalls auf eine kommerzielle Ebene reduzieren!

Gott ist der Liebe würdig. Der heilige Bernhard von Clairvaux hat gesagt: »Das Maß, Gott zu lieben, ist, Ihn ohne Maßen zu lieben.«

Wir sind zu Seiner Freude erschaffen worden (Offenbarung 4:11). Daher laßt uns Ihm Freude machen!

*

Niemand liebt Gott wirklich, wenn er Dinge liebt, die Gott verboten hat. Wer Gott nicht vor sich schützt, liebt Gott nicht. Wenn du eine ansteckende, abstoßende Krankheit hättest, würdest du deine Lieben vor jeglichem Umgang mit dir schützen. Da jede Begegnung Gottes mit einem Sünder Gott degradiert, achtet der wahre Gläubige darauf, daß er Gott nicht zu sehr mit seiner Gegenwart belästigt.

Wir lieben Ihn von ganzem Herzen. Deshalb lassen wir Ihn in Ruhe.

Die liebende Braut im Hohelied sagt zu ihrem himmlischen Bräutigam: »Flieh mein Freund! Sei wie eine Gazelle oder wie ein junger Hirsch auf den Balsambergen« (Hohelied 8:14). Sie bittet Ihn nicht, ständig bei ihr zu bleiben und sie zu liebkosen.

Andererseits müssen wir Zeit für Vertraulichkeit und ernsthafte Gespräche mit Ihm haben.

Gott ist allwissend, was bedeutet, daß Er alles weiß, was zum Bereich des Wissens gehört. Er sieht alles, was zum Bereich des Sehens gehört. Er hört alles, was zum Hören gehört. Wie steht es aber mit Überraschungen? Wäre Er vollkommen, wenn Er die Freude von Überraschungen nicht kennen würde und wenn es keine Notfälle gäbe, die neue Maßnahmen von Ihm erforderten?

Man kann gewissermaßen Dinge beobachten, und man kann die Kausalkette, in die sie einbezogen sind, kennen, doch nicht alles hat eine Ursache. Heisenberg hat den Begriff des »Indeterminismus« in die Physik eingeführt. Jesus sagt in bezug auf Seine Widersacher: »Sie hassen mich ohne Ursache« (Johannes 15:25).

Nicht jede menschliche Handlung hat eine Ursache. Wir haben schon gewisse Dinge Gott zu sagen. Auch wenn Er alles weiß, freut Er sich, meine Meinung zu hören. Er wünscht auch, daß Menschen mit Ihm auf Seinem Thron sitzen, von dem aus Er das Universum erschafft und lenkt (Offenbarung 3:21).

Leben mit Gott gibt uns reiche Gemeinschaft mit dem höchsten Wesen.

*

Sogar einige Theologen sind der merkwürdigen Ansicht, daß es in Glaubensangelegenheiten kaum Beweise gäbe. Sie kennen die Beweise nicht – das ist alles.

Es ist nunmehr an der Zeit, die Beweise der Existenz Gottes systematisch anzuführen. Auf einige Beweise möchte ich näher eingehen, andere werde ich nur erwähnen.

1. Das kosmologische Argument oder das Argument von Ursache und Wirkung

Jedes Bauwerk zeugt von der Existenz eines Baumeisters oder eines Architekten. Selbst wenn man den Baumeister nicht kennt, ist die Tatsache, daß das Gebäude vorhanden ist, Beweis genug, daß er existiert.

Wir alle leben in einem ungeheuer großen Haus, Kosmos genannt. Das Werk »Welt« beweist die Existenz einer wirkenden Ursache, eines weisen Architekten.

Heute können wir mit Hilfe von Atomuhren selbst winzigste Unregelmäßigkeiten der Bewegung der Erde feststellen. Man hat herausgefunden, daß diese Bewegung langsamer wird. Befürworter der Urknalltheorie für den Ursprung der Erde haben festgestellt, daß, rückblickend, die Länge des Tages sich um 0,002 Sekunden pro Jahrhundert verringert, was bedeutet, daß unser Tag alle 50.000 Jahre um eine Sekunde kürzer wird. Durch Zurückrechnen bis zu einem Tag mit Null-Länge behaupten sie, das Alter der Erde herausgefunden zu haben: viereinhalb Milliarden Jahre.

Lange davor gab es den ersten Urknall, durch den das Universum entstanden ist.

Es war keine Explosion im üblichen Sinne. Es war nicht die Ausbreitung von Materie in einem existenten Raum. Raum und Zeit sind Eigenschaften von Materie. Beim ersten Urknall traten Zeit, Raum, Materie sowie alle ihre Gesetze und Kräfte gleichzeitig in Erscheinung.

Der menschliche Geist kann es nicht fassen, die menschliche Sprache kann es nicht in Worte kleiden.

Wenn man diese Theorie voraussetzt, muß es jemanden gegeben haben, der den Urknall auslöste.

Die von Augustinus gestellte Frage: »Was tat Gott, ehe Er das Universum schuf«, ist falsch und daher nicht zu beantworten. Es hat kein »Zuvor« gegeben. Die Zeit entstand zusammen mit der Materie. Vor dem Urknall gab es Gott, den Ewigen, ohne Zeit, ohne Raum.

Laßt uns die Wunder Seiner Schöpfung betrachten! Laßt uns einen Blick auf einen ihrer kleinsten Teile, unsere sehr kleine Sonne, werfen!

Wenn ihre gelieferte Gesamtenergie nur um ein paar Bruchteile zunähme, würde die Temperatur auf der Erde steigen: Die Gletscher würden schmelzen, der Meeresspiegel würde steigen und das Land überschwemmen, menschliches Leben würde zugrunde gehen. Wenn die Sonne aber ihre Leistung um ein paar Grade verringern würde, wären Kontinente von Gletschern bedeckt, und die Menschheit würde erfrieren.

Wer hat veranlaßt, daß die Sonne genau die richtige Temperatur hat? Ist es einfach so geschehen?

Ist es einfach so geschehen, daß Ziegel zusammen kamen und ein Haus bildeten? Ist es einfach so geschehen, daß Räderwerk, Hebel und Schrauben zusammenkamen und eine Uhr bildeten? Absurd, sagst du. Mit Sicherheit steckte ein Verstand hinter dem Bau des Hauses und der Uhr.

Der Verstand hinter der Sonne ist Gott.

Wenn das für die Verbreitung des Atheismus aufgewendete Geld und die geistige Energie darauf verwendet würden, wissenschaftliche Entdeckungen zu fördern, könnte das Sonnenlicht und die Sonnenenergie zur Lösung vieler bedrückender Weltprobleme herangezogen werden.

Wir lassen die Energie des Sonnenlichtes, die kostbarste Hilfsquelle allen Lebens, praktisch ungenutzt entweichen.

Die Photosynthese in Pflanzen fängt nur ein Zehntel Prozent der verfügbaren Energie ein. Der Rest wird vergeudet.

Um etwas einmal finanziell auszudrücken: Sonnenlicht im Wert von 500.000 DM ist vonnöten, um eine Fischmenge im Wert von 5 DM zu produzieren. Die jährliche Energienutzung des Menschen entspricht dem Wert von lediglich einer Stunde des Gesamtsonnenscheins, der die Erde badet. Gott hat uns auf Erden Reichtümer zur Verfügung gestellt, die wir als Seine Gaben gut nutzen sollten.

Laßt uns ein anderes kleines Gotteswunder betrachten: das Wasser. Es ist eines der einfachsten Moleküle, bestehend aus einem Atom Sauerstoff und zwei Atomen Wasserstoff. Sein Molekulargewicht ist 18. Im Vergleich dazu besteht ein Molekül Insulin aus 777 Atomen und besitzt das Molekulargewicht 5733.

Der Verstand, der das Wasser so einfach gemacht hat, muß unglaublich scharfsinnig sein. Diese Einfachheit läßt das Wasser ungehindert durch Membranen lebender Zellen gleiten, ein Vorgang, der bei größeren Molekülen unmöglich ist.

Wasser besitzt stark auflösende Eigenschaften. Substanzen können nur in Wasser aufgelöst in und aus lebenden Zellen gelangen. So wird ihnen Nahrung zugeführt, um Leben zu erhalten und Abfallprodukte auszuscheiden.

Um der Menschheit am besten dienen zu können, besitzt das Wasser keinen ausgesprochen guten Geschmack, um nicht Wassersucht zu erzeugen, und auch keinen schlechten Geschmack, um nicht auf Ablehnung zu stoßen. Die zwei Verbindungen, die in der Molekularstruktur dem Wasser am ähnlichsten sind, nämlich Hydrogensulfid (H_2S) und Ammoniak (NH^2), sind ätzende Gase, die in bezug auf Geschmack, Geruch und als Giftstoffe lebenden Zellen abstoßend sind. (Auszug aus »Signs of the Times«, November 1980.)

Man betrachte einmal das wirklich große Wunder, den Menschen. Die sechzig Trillionen Zellen des menschlichen Körpers wirken zusammen, um eine einmalige Persönlichkeit aus ihm zu machen. Keine zwei Menschen sind gleich. Selbst Fingerabdrücke sind einmalig. Wenn eine Fingerspitze verletzt wird, heilen die Windungen wieder zu ihrem vorherigen Muster nach.

Man denke an die Lunge mit ihren Millionen elastischen Membranensäcken. Oder man denke an die Fähigkeit des Knochens, nach Verletzung selbst zu heilen.

Der Oberschenkelknochen ist ein Hohlzylinder.

Warum?

Ingenieure wissen heute, daß dies die beste Konstruktion ist, um mit einem Minimum an Material ein Maximum an Stärke zu erzielen.

Bei Frauen lockern sich gegen Ende einer Schwangerschaft die Beckengelenke, um die Geburt zu erleichtern. Welcher Verstand hat dafür Sorge getragen?

Die Knochen eines schwergewichtigen Menschen wiegen etwa 10 kg und erfüllen die strukturellen Bedürfnisse des menschlichen Körpers. Stahlrohre von vergleichbarer Größe würden zwanzigmal soviel wiegen.

Wie kommt es, daß die Ansammlung lebender Zellen namens »Auge« so gut sehen kann wie die teuerste Kamera? Ist eine Kamera das Zufallsprodukt eines Evolutionsprozesses oder ist jede Kamera die Konstruktion eines intelligenten Wesens?

Man denke nur an das Wunder, daß man lesen kann. Das Auge nimmt gleichzeitig mehrere Buchstaben wahr, bis zu zwanzig. Ein geübter Leser benötigt für einen Buchstaben vier Hundertstel Sekunden.

Der Wissenschaftler Dr. Raymond Briggs sagt dazu: »Auf der Grundlage von Computermodellen würden wir vorhersagen, daß das Auge nicht lesen kann.«

Wer hat das Gedächtnis gemacht, das auf Kommando Eindrücke der Vergangenheit aus den Milliarden Partikeln, die in der persönlichen Datenbank eines Menschen gespeichert sind, abrufen kann? Wer hat die Phantasie geschaffen, die Macht, die unter den unglücklichsten Umständen Freude geben kann, die sich sogar eine Welt ohne Gott vorstellen kann, wenn der Mensch dazu neigt?

Der menschliche Körper besteht zu zwei Drittel aus Wasser. Er enthält zwei Millionen Schweißdrüsen, die mit dem Wasser, das sie freigeben, um den Körper kühl zu halten, Abfallprodukte ausscheiden.

Und wie steht es mit der menschlichen Anatomie in

anderen Einzelheiten? Wie wäre es, wenn die Nase nach oben gerichtet wäre, anstatt nach unten? – Man könnte bei starkem Regen ersticken.

Das Schlucken hat eine erstaunliche Koordination der Gurgel und Luftröhre als Voraussetzung, es sind aber keine konzentrierten Anstrengungen oder Gedanken dazu erforderlich.

Man könnte endlos lange über den Aufbau und die Funktionen des menschlichen Körpers staunen.

Niemand würde glauben, daß es eine Uhr ohne Uhrmacher gibt, und der menschliche Körper, geschweige denn das Universum, liefert unendlich mehr Hinweise auf einen intelligenten Schöpfer als eine Uhr.

Wer bestimmte, daß es Mikroorganismen gibt, die Antikörper, Vitamine, Impfstoffe und Hormone erzeugen? Organismen dieser Art produzieren laufend Äthylalkohol, Zitronensäure und Aminosäuren. Sie produzieren auch Insulin, Interferon und Wachstumshormone und laugen Metalle von minderwertigen Erzen aus, vor allem Uran und Kupfer.

Wenn wir in der Lage wären, Mikroorganismen zum Einsatz zu bringen, könnte uns das von unserer auf Gedeih und Verderb bestehenden Abhängigkeit vom Erdöl befreien.

Nur ein weiser Schöpfer konnte ein so großes Heer Freiwilliger vorbereiten, damit es für uns arbeite.

Wer hat dafür Sorge getragen, daß Ameisen, die auf der Futtersuche auf Nahrung stoßen, eine Duftspur für andere Ameisen hinterlassen?

Es gibt 50.000 Spinnenarten – einige davon groß genug, um eine Maus zu erbeuten, andere kaum groß genug, um sie mit bloßem Auge sehen zu können. Manche Spinnenarten sind in der Lage, einen Seidenfaden mit einem Durchmesser von einem Millionstelzentimeter zu spinnen. Wer lehrt sie, ihre Netze mit so elastischen, stark dehnbaren Fäden zu spinnen, zu denen im Vergleich sogar Stahl schwach ist?

In der Zeitschrift »Scientifc American« wurde berichtet, daß in kleinen Schachteln gezüchtete Spinnen in der Lage waren, vollkommene Spinnennetze zu spinnen, nachdem man sie in große Behältnisse gegeben hatte. Die Tatsache, daß sie als Brut von ihrem Züchter gefüttert worden waren, ohne selbst spinnen zu müssen, hatte ihre Fähigkeiten nicht beeinträchtigt. In Satelliten mitgeführte Spinnen sind in der Lage selbst im Zustand der Schwerelosigkeit ihre Spinnennetze zu spinnen, ohne die Informationen, die ihnen die Schwerkraft liefert. Ihre Fähigkeit zu spinnen, ist vorprogrammiert. Wer ist der Programmierer?

Tatsache ist jedoch, daß die meisten Spinnen keine Spinnennetze spinnen, was bedeutet, daß sie es nicht tun müssen. Wäre es anders, könnte vielleicht ein Existenzkampf während Millionen Jahren der Evolution es erklären, daß nur diejenigen Spinnen, die am besten spinnen konnten, überlebten.

Aber die, die nicht spinnen konnten, überlebten auch. Was ist die Erklärung? Außerdem – wie konnten Spinnen Insekten in Spinnennetzen fangen, die noch nicht gut genug waren, sondern eine weitere Jahrmillion der Evolution benötigten?

William Gertsch, der Autor von »American Spiders« (Amerikanische Spinnen), hat geschrieben: »Das kreisförmige Spinnennetz scheint als eine glorreiche Schöpfung allein dazustehen, eine unglaubliche Neuheit, von überragenden Künstlern geschaffen« (»The Pentecostal Light«, September 1980)

Wenn hinter der Schöpfung kein Geist steht, wie kommt es dann, daß die Atmosphäre für unseren Atmungsapparat genau richtig ist und auch genau richtig, damit die Erde am Tage nicht versengt wird und in der Nacht nicht gefriert? Daß die Temperatur gerade die richtige bleibt, um Leben zu erhalten? Daß es eine Ozonschicht gibt, die genau richtig ist, um tödliche kosmische Strahlen aus dem Weltall zu filtern?

Wie kommt es, daß uns genau die notwendige Sauerstoffmenge und das richtige Gasgemisch umgeben, damit wir atmen können? John Meldau weist in seinem Buch »Warum wir an die Schöpfung glauben, und nicht an die Evolution« auf die Tragödie von Hunderten von Säuglingen hin, die in Brutkästen erblindeten, bis man entdeckte, daß zuviel Sauerstoff die Ursache war. Aber der Mensch hat diesen Fehler gemacht, nicht Gott. Er sorgte dafür, daß wir genau die richtige Sauerstoffmenge haben, die für unsere Gesundheit und unser Überleben nötig ist.

Die Neigung der Erde beträgt 23,5 Grad; diese ist genau richtig, um der Abwechslung von Eis und Fluten, sengender Hitze und beißender Kälte vorzubeugen.

Menschliches Leben wäre beispielsweise auf dem Merkur nicht möglich, welcher auf der einen Seite Temperaturen von über 400° Celsius hat, während sich die andere Seite unter dem Null-Grad-Bereich bewegt.

Die eine Seite liegt immer in Richtung der Sonne, während es auf der anderen dunkel und kalt ist. Die Erde dagegen hat gerade die richtige Entfernung von der Sonne, um geeignetes Licht, Wärme und Kraft zum Leben zu empfangen. Alle diese Umstände deuten auf die Vorsehung und den Genius Gottes hin.

Ein Fuß- oder Fingerabdruck genügt manchmal für einen Polizisten, um einem Verdächtigen auf die Spur zu kommen. Doch das ganze Universum mit all seinen Wundern genügt für den Atheisten nicht, den Einen zu entdecken, der es mit dem Fingerabdruck Seiner Weisheit versehen hat. Er ist sowohl blind als auch taub. Und genauso wie ein Tauber nicht die Aufgabe hat, über Musik zu schreiben, und ein Blinder nicht die Aufgabe, ein Gemälde zu beschreiben, ist es nicht richtig, wenn Atheisten von Dingen sprechen, die ihnen verborgen sind.

Hören wir jetzt, was Darwin, der große Günstling von Atheisten, über den Atheismus sagt: »Die Unmöglichkeit, zu begreifen, daß dieses wunderbare Universum durch Zufall entstand, scheint mir das Hauptargument für die Existenz Gottes zu sein.«

Ein Atheist behauptete einmal, das Universum sei als das Produkt zufälliger Kräfte entstanden. Einer, der ihn das sagen hörte, erwiderte unhöflich: »Das ist doch barer Unsinn!«

Der Atheist war beleidigt. »Sie sollten bedenken, daß Sie mit einem Doktor der Philosophie sprechen!«

»Und wenn? Ein Doktorat ist doch nur eine Zufallserscheinung«, entgegnete da der andere.

»Ich habe aber jahrelang an meiner Dissertation gearbeitet!«

»Wenn Sie glauben, Ihr Verstand sei für Ihre Dissertation erforderlich gewesen, um wieviel mehr ist dann Intelligenz für das Universum notwendig!«

Der herrlichste Beweis für die Existenz Gottes ist das Universum.

2. Das Argument vom Vorhandensein des Gottesgedankens in unserem Verstand

Der englische Philosoph Roger Bacon hat einmal gesagt: »In unserem Intellekt ist nichts, was nicht zuerst durch unsere Sinne gegangen wäre.« Wir haben in unserem Verstand keine einzige Vorstellung, die nicht entweder eine wahre oder eine verzerrte Widerspiegelung der Wirklichkeit ist.

Ein Dschungelbewohner hat keine Vorstellung vom »Fernsehen«, weil diese Wirklichkeit in seiner Welt nicht existiert.

Die große Mehrheit der Menschheit hat zu allen Zeiten auf die eine oder andere Weise an Gott geglaubt. Auch wenn einzelne Menschen nicht ihr Leben lang an Ihn glaubten, glaubten sie doch in manchen Augenblicken ihres Lebens an Ihn.

Wenn die Menschheit nicht schon einige Erfahrungen mit Gott gemacht hätte, wenn Er nie wahrgenommen worden wäre, hätte der Gottesgedanke nicht in den menschlichen Verstand dringen und sich dort mit solcher Macht verankern können.

3. Das Argument von der Teleologie

(abgeleitet von dem griechischen Wort »telos«, welches »Zweck« bedeutet)

Alles auf dieser Welt ist auf einen Zweck ausgerichtet. Das befruchtete Ei im weiblichen Uterus entnimmt der Mutter soviel Nahrung, wie es benötigt, um ein Embryo, dann ein Fötus und schließlich ein menschliches Wesen zu werden. Bei einem weiblichen Embryo entwickeln sich bereits im Mutterleib Brustdrüsen, die erst dann gebraucht werden, wenn die betreffende Person vielleicht zwanzig oder dreißig Jahre später selbst Mutter wird.

Der Same einer Pflanze entnimmt dem Boden genau die Wasser-, Phosphat- und Nährstoffmenge usw., die er benötigt, um eine Pflanze zu werden.

Die Sonne und alle ihre Satelliten bewegen sich unaufhörlich auf einen bestimmten Apex im Weltraum zu, als ob sie dort eine Begegnung hätten.

Wie läßt sich die Tatsache erklären, daß es in wasserarmen Gebieten, wo sich die Menschen auf Transporttiere verlassen mußten, die wochenlang ohne Wasser auskommen können, das Kamel gibt? Wie kommt es, daß Bienen für die Bestäubung wesentlich sind? Sind der Obstbaum und die Biene gleichzeitig durch Zufall entstanden? Oder weist eine solche Symbiose auf eine hinter der Wirklichkeit stehende Intelligenz hin?

Nur intelligente Wesen können sich zweckmässig

entscheiden. Weder die Sonne noch die Eizelle, weder der Pflanzensame noch das Kamel können sich ihre Funktion aussuchen.

Es muß ein anderes Wesen geben, das ihre Funktionen zuvor festgelegt hat. Dieses Wesen ist Gott.

4. Das Argument von der Geschichte

Wenn die meisten Menschen aller Zeiten – einschließlich der größten Genies – an Gott geglaubt haben, und wenn der Glaube in einer so überaus wichtigen Sache reine Täuschung ist, dann ist der Verstand vollkommen unzuverlässig und nicht in der Lage, den Atheismus zu bestätigen.

Wie archäologische Funde bewiesen haben, gibt es seit frühester Zeit Beweise der Existenz religiösen Glaubens. In allen untergegangenen Zivilisationen hat es ihn gegeben. Die Geschichte kennt eine natürliche Auslese von Gedanken. Was untauglich ist, wird ausrangiert. Die Beständigkeit des Gottesgedankens trotz der Jahrtausende sozialer Veränderungen beweist seinen Wert. Schiller hat es treffend ausgedrückt: »Die Weltgeschichte ist das Weltgericht.«

5. Das Argument von der Sittlichkeit

Es gibt genügend Erklärungen für das Vorhandensein von Schlechtem und Bösem in der Welt. Das Leben lehrt die Menschen, böse zu sein, und führt sie auf schlechte Wege. Der eine muß dem anderen ein Wolf sein, um überleben zu können. Es hat den Anschein, als ob nur der Erfolg hat, der andere mit Füßen tritt.

Wie ist es aber zu erklären, daß es auch Liebe, Sanftmut und all die anderen Tugenden gibt? Sie haben ihren Ursprung nicht in menschlichen Erfahrungen. Wie kommt es, daß es ein Gewissen gibt, das einen von schlechten Taten zurückhält oder zumindest nach der Tat kritisiert? Woher die Reue?

Das erleuchtete Gewissen kann nur die Stimme eines anderen Wesens in uns sein, die Stimme des Wesens, das wir Gott nennen.

6. Das Argument von der Bewegung

Ohne Motor oder Beweger ist Bewegung nicht möglich. Daß ständige Bewegung nicht möglich ist, hat manch Möchte-gern-Erfinder entdeckt. Das Universum ohne Gott wäre aber ein Perpetuum mobile.

In unserem Universum ist alles, vom Elementarteilchen bis zu den ungeheuren Galaxien, in ständiger Bewegung. Es muß einen Urheber geben, der die Bewegung in Gang gesetzt hat und fortwährend erhält. Der Eine, der alles überwacht, der Partikel und Planeten lenkt und alles sich bewegen läßt, heißt Gott.

7. Das Argument von den Prophetien

Niemand kann mit Sicherheit sagen, was ihm in zehn Minuten zustoßen wird, aber es gibt ein Buch, die Bibel, das Prophetien über Ereignisse enthält, die sich erst Jahrhunderte, ja sogar Jahrtausende nachdem sie vorausgesagt worden waren, zugetragen haben.

Die jüngsten Entdeckungen vieler alter biblischer Manuskripte in Wadi-el-Qumran haben erneut das Alter dieser Prophetien bewiesen, von denen viele bereits in Erfüllung gegangen sind, während viele andere vor unseren Augen in Erfüllung gehen.

Nur wenn wir die Existenz eines Weltenherrschers voraussetzen, der die ganze Geschichte der Menschheit voraussah, können wir die Existenz der Prophetie in der Bibel erklären. Obwohl es auch etliche Weissagungen in anderen, nichtbiblischen Schriften gibt, ist die Bibel mit ihren langfristigen, ausführlichen zeitlichen Prophezeiungen, von denen die meisten in Erfüllung gegangen sind, einzigartig. Die wichtigsten davon sind Prophetien über die Geburt und das Wirken Christi.

Prophetie, die sich ereignet, ist ein Beweis für die Existenz eines allwissenden Gottes.

8. Das Argument vom Denken auf höchster Stufe

Der Verstand, der einen Menschen leitet, arbeitet nicht immer optimal. Es sind nur Augenblicke, in denen er mit höchster Leistungsfähigkeit operiert. Das sind in der Regel Momente großer Gefühlsregungen oder großer Gefahr. Dann sind alle geistigen Kräfte konzentriert. Es gibt andere Augenblicke, in denen der Verstand umherschweift, abschweift oder unkonzentriert ist.

In Zeiten großer Bedrängnis ist der Mensch gewöhnlich gläubig. Das merkt man am besten, wenn er in Todesgefahr schwebt oder auf dem Sterbebett liegt.

Es hat zahllose Fälle gegeben, in denen sterbende Menschen, die nicht geglaubt hatten, im letzten Augenblick ihren Unglauben bereuten, aber es wird kaum einen Menschen geben, der, nachdem er sein Leben lang gläubig war, im Angesicht des Todes bereut, daß er geglaubt hat, und daraufhin seinen Glauben ablegt. Das ist fast eine psychologische Unmöglichkeit.

Wenn jemand eine Brücke gebaut hat und einen Handwagen über sie schiebt, ist das wohl kaum Beweis genug, daß die Brücke standhält. Ein Zug muß über sie fahren.

Der Beweis, daß eine Überzeugung gut ist, besteht darin, daß sie nicht bloß standhält, wenn einem das Glück lacht, sondern wenn man eine schlimme Seelenkrise durchmacht, wenn man in Gefahr schwebt oder dem Tod ins Auge blickt. In solchen Augenblicken sind die Menschen in der Regel religiös. Das trifft auch häufig zu, wenn man Erfahrungen großer Schönheit hat. Nach einer Seereise schrieb Engels, einer der führendsten atheistischen Denker: »Wir leben in Gottheit. Man sieht es am Besten, wenn man auf See ist.«

9. Das Argument von der Existenz der Glaubensfunktion

Weder Mensch noch Tier brauchten Ohren, wenn es keine Geräusche gäbe. Wir brauchten keine Augen, wenn es nicht Licht und Farbe gäbe. Wir hätten keine Verwendung für Lungen, wenn es keine Luft zum Atmen gäbe. Das Organ setzt die Funktion voraus. Das Vorhandensein eines Sinnesorgans ist der Beweis, daß die durch dieses Organ wahrgenommene Wirklichkeit existiert.

Der Mensch besitzt das Organ des Glaubens an metaphysische Gegebenheiten. Dieses Organ hätte sich niemals entwickelt und wäre nicht beibehalten worden, wenn es die durch die Glaubensfunktion wahrgenommene Wirklichkeit nicht gäbe.

10. Das Argument von der Voreingenommenheit des menschlichen Verstandes

Wir müssen gegenüber unserem eigenen Denken kritisch sein. Wir können zwar vieles sehen, aber nicht das Auge, mit dem wir sehen. Wir können jeden Gedanken prüfen, nicht aber den Gedanken, mit dem wir prüfen.

Wenn man für einen Augenblick innehält vom Denken über Ereignisse, Menschen und Dinge, und dann über das Denken nachzudenken beginnt, erkennt man bald, daß man sich in einer geistigen Sackgasse befindet und daß der menschliche Verstand tatsächliche Mängel aufweist.

Das Wetter kann unser Denkvermögen beeinflussen, unsere Fähigkeit, Probleme zu lösen und geistige Arbeit zu verrichten, ja sogar unser Gedächtnis.

Im Labor der US-Luftwaffe wurden Versuchspersonen Gedächtnisprüfungen unterzogen, nachdem man sie eine Stunde lang verschiedenen Temperaturen ausgesetzt hatte: 23°, 32° beziehungsweise 35° Celsius. Dabei fand man heraus, daß die Gedächtnisfähigkeit mit steigender Temperatur abnahm. Der deutlichste Abfall trat zwischen 32° und 35° auf.

Ein plötzlicher Temperaturanstieg regt die Menschen zu aggressiven Gedanken und Handlungen an, für welche diese Menschen bei günstigem Wetter nicht in der Lage wären.

Es wird weithin anerkannt, daß die Sommermonate eine Zeit sind, da die Kriminalitätsrate am höchsten ist. Es gibt mehr kriminelle Gedanken und folglich Straftaten, wenn die Temperaturen steigen. Zwischen August und Oktober gibt es auch mehr Selbstmorde und Selbstmordversuche. Diese Tatsache wird dem warmen Wetter und der sich daraus ergebenden Appetitlosigkeit zugeschrieben, welche ihrerseits den Blutzucker senkt.

Bei Temperaturen über 32° Celsius neigt man zu mehr Fehlern. Die Stiftung »Nationale Wissenschaft« (USA) hat bestätigt, daß Industriearbeiter weitaus ineffektiver arbeiten, wenn es heiß ist.

Jüngste Forschungsergebnisse zeigen, daß sogar Farben unser Denkvermögen beeinflussen. Auf schönen Wiesen oder in hellblau, gelb oder orange gestrichenen Räumen kommen wir auf glückliche Gedanken. Unser Verhalten ist in solcher Umgebung freundlicher. In häßlichen Räumen haben wir häßliche Gedanken. Düstere, dumpfe Farben, die nicht von freundlichen Akzenten unterbrochen werden, können sehr bedrückend wirken. Man denke nur an das Grau einer Gefängniszelle.

Eine schwarze Brücke über die Themse war bekannt für viele Selbstmordversuche, die auf ihr begangen wurden. Nachdem die Brücke grün gestrichen wurde, nahmen Versuche dieser Art um mehr als ein Drittel ab.

Selbstmordgedanken hängen häufig von der Farbe ab, die ein depressiver Mensch sieht. Während Rot – eine »treibende« Farbe für den Künstler – anregend wirkt, kann ein dunkelrosa Raum, wie jüngste Forschungsergebnisse zeigen, eine gewalttätige Person besänftigen.

Marxisten sind Meister, wenn es zu beweisen gilt, daß das soziale Umfeld, vor allem die wirtschaftlichen Verhältnisse, die Gedanken der Menschen bestimmen.

Wenn Revolutionäre an die Macht kommen, ändern sie sich vollkommen. Während sie zuvor Streiks organisiert und unterstützt haben mögen, lassen sie, nachdem sie an die Macht gekommen sind, streikende Arbeiter erschießen.

Sogar bei Wissenschaftlern gibt es eine psychologische Voreingenommenheit. Oft sind ihre Beobachtungen darauf zugeschnitten, eher Erfahrungen und Daten auszuwählen, die ihre Voraussetzungen bestätigen, als solche, die ihnen widersprechen.

Unsere Denkweise ist oft primitiv. Wir denken sehr oft in Analogien. Aber ein französisches Sprichwort sagt: »comparaison n'est pas raison« – Vergleich ist nicht Argument. Kekule von Stadonitz entdeckte die chemische Formel für Benzol, welche er als Ring darstellte, nachdem er zufällig gesehen hatte, wie Affen in einem Käfig sich in einem geschlossenen Kreis umarmten.

Mendelejew, ein leidenschaftlicher Schachspieler, stellte das Periodensystem der Elemente in Form eines Schachbrettes dar.

Wir können die nützliche, aber auch riskante Anwendung von Analogien in der Religion erkennen. Das ist der Grund, warum wir dazu neigen, Gott anthropomorphisch (in Menschengestalt) zu beschreiben. Gott schuf den Menschen zu Seinem Bilde und gab so gewissermaßen den Anstoß, auf diese Art und Weise über Ihn zu denken, aber wir müssen sehr vorsichtig dabei sein. Der Anthropomorphismus kann einen auch in die Irre führen.

Um Gott zu begreifen und darzustellen, benötigen wir eine Art geistiges Bild. »Das Formlose« ist auch ein geistiges Bild. Viele antireligiöse Argumente von Atheisten wären aus der Welt geschafft, wenn wir aufhören würden, Gott menschliche Gefühle zuzuschreiben und das, was Er tut und tun kann, mit menschlichen Worten zu definieren. Er ist unendlich; wir sind endlich. »Unendlich« ist aber auch eine menschliche Vorstellung, die sich von unserem Bedürfnis ableiten läßt, das Gegenteil unserer Endlichkeit zu finden.

Es ist nicht falsch, wenn wir Analogien benutzen, um etwas von Gott zu erfahren, solange wir zugeben, daß Er unsere Bilder übersteigt und über jedem Namen steht, den wir Ihm geben können. Dionysios der Areopagite hat gesagt: »Gott ist nichts«, in dem Sinne, daß Er nichts von dem ist, was wir uns vorstellen. In der Bibel sagt Gott einfach: »Ich bin, was ich bin.«

Sobald man Analogien und Anthropomorphismen beziehungsweise Anthropopathismen (das Zuschreiben menschlicher Gefühle) in bezug auf Gott verwendet, wird das Risiko, etwas falsch darzustellen, sehr groß. Meister Eckhart, einer der großen christlichen Schriftsteller des Mittelalters, sagte daher zu Recht: »Nur eine Hand, die ausstreicht, kann etwas Wahres schreiben.« Gläubige behaupten nicht nur die Tatsache der Existenz Gottes, sondern sie stellen auch vieles, was über Ihn gesagt wird, in Abrede, da sie wissen, daß der Atheismus zuweilen nur die Ablehnung eines Gottes ist, der nicht wirklich existiert.

Christen können sich mit Atheisten zusammentun, wenn es darum geht, gegen unzulängliche Formen des Theismus in Theorie und Praxis vorzugehen.

Da wir jedoch Menschen sind, können wir nicht auf alle anthropomorphischen Beschreibungen Gottes verzichten.

In dem jüdischen Buch »Genesis Rabba« wird folgender Vorfall geschildert: Ein Ketzer fragte einmal Rabbi Meir, wie der Gott, den Jeremia als Himmel und Erde füllend (Jeremia 23:24) beschreibt, mit Mose durch den kleinen Zwischenraum zwischen den zwei Stangen der Bundeslade (2. Mose 25:22) sprechen konnte. Der Rabbi antwortete: »Bring mir einen Konvexspiegel!«, und bat sodann den Ketzer, er möge sich darin betrachten. Als er dies tat, sah er sich vergrößert. Da verlangte der Rabbi nach einem Konkavspiegel, und der Ketzer sah sich verkleinert.

Der Rabbi gab folgenden Kommentar dazu ab: »Wenn du, der du nur Fleisch und Blut bist, dich vergrößern oder verkleinern kannst, um wieviel mehr der Eine, durch dessen Hand die Welt erschaffen wurde. Wenn Er es will, kann Er Himmel und Erde füllen; wenn Er will, kann Er einen sehr kleinen Raum ausfüllen.«

Eine philosophische oder anthropomorphische Vorstellung ist an sich nicht schlecht, solange wir uns daran erinnern, daß Er nicht so ist, wie wir meinen. Er ist, was *Er* ist.

In vielem Alltagsdenken neigen wir dazu, anthropomorphische Bilder zu gebrauchen. Wissenschaftler haben uns eine Darstellung des Atoms zur Verfügung gestellt, die der Anordnung des Sonnensystems ähnelt, obwohl sie wissen, daß das Atom nicht abgebildet werden kann. Objektive Wahrheiten werden somit nicht von menschlichen Gefühlen, Vorstellungen oder Perspektiven getrennt.

Es gibt viele bestimmende Faktoren abseits der Wahrheit in unserem Denken, wie Interesse, Nützlichkeit, Egoismus, der Wunsch nach Schönheit und so weiter.

Wenn wir uns das vor Augen halten, können wir erkennen, wie der Atheismus das Ergebnis widerwärtiger Umstände im Leben atheistischer Denker sein kann. Auf einen so beschaffenen Verstand soll man sich nicht verlassen. Er kann nicht richtig bestimmen, ob es einen Gott gibt oder nicht.

Der christliche Denker Nikolaus von Cusa setzte daher die »docta ignorantia«, die mit anderen Worten bekannte Unwissenheit, als den Anfang von Weisheit voraus. Die Intelligenz, der Verstand allein ist die niedrigste menschliche Wissenskraft und nicht in der Lage, die Wirklichkeit zu erfassen. Das Wissen um die eigene Unfähigkeit ist das höchste Bewußtsein, das sie erreichen kann: Das ist »docta ignorantia«.

Warum diese Machtlosigkeit? So ist das Wesen – zuerst die Wahrheit und dann das Wissen. Alles Wissen kann nur Näherungswert und Mutmaßung sein, vor allem das Wissen um die letztendliche Wirklichkeit.

Wir müssen einen besseren Verstand finden als den unsrigen, auf den wir uns verlassen können.

An Jesu Leben können wir klar erkennen, wie unzuverlässig der menschliche Verstand arbeitet.

Joseph, der Bräutigam der Jungfrau Maria, glaubte zu Unrecht, daß sie gesündigt habe, als er entdeckte, daß sie schwanger war. Die bedeutendsten Priester der Juden, in Religionsfragen überaus bewanderte Männer, anerkannten Jesus nicht als den, der Er war, sondern verurteilten Ihn als vermeintlichen Gotteslästerer zum Tode.

Pilatus bestätigte dieses Urteil, indem er seinen Verstand aus Furcht vernebeln ließ. Jesu eigenes Volk lehnte Ihn, der Er ihre Zier war, ab. Judas waren dreißig Silberlinge lieber als die Freundschaft mit dem Gottessohn.

Petrus war die eigene Sicherheit lieber, als seinem Herrn treu zu bleiben. Zum Zeitpunkt Seiner Gefangennahme ließen Ihn alle Apostel im Stich und flohen. Und tatsächlich glaubten sie alle nicht an Seine Auferstehung, selbst nachdem sie Ihn mit eigenen Augen gesehen hatten.

Die christliche Religion lehrt uns, zunächst unserem eigenen Verstand zu mißtrauen und, was wichtiger ist, die Gedanken Gottes anzunehmen, der von äußeren Umständen unabhängig und keinen irdischen Einflüssen unterworfen ist. Er ist der einzige, der die letzte Wahrheit erfassen kann, da Er ihr Urheber ist. Nur in der Religion kann somit Wahrheit gefunden werden; nur in Gott kann alles gewußt werden. In dem Maße, in dem wir uns von Gott entfernen, schließen wir uns von der Wahrheit aus.

Wie bereits gesagt, hätte der Gottesgedanke gar nicht in unseren Verstand dringen und sich dort mit solcher Macht verankern können, wenn die Menschheit nicht Erfahrungen mit Gott gemacht hätte.

Viele andere Faktoren könnten jedoch diesen Gedanken getrübt oder verfälscht haben. Weder in der Religion noch im Atheismus können wir uns auf unseren Verstand allein verlassen. Ohne eine höhere Offenbarung sind wir zum Irrtum verdammt.

Der Atheismus hat keine Offenbarung aus höheren Sphären und ist daher nicht glaubwürdig. Die Religion besitzt Offenbarung, und diese sagt uns, daß es einen Gott gibt.

11. Das Argument von der Tatsache der Unzwangsläufigkeit

Alles auf der Welt ist Veränderungen ausgesetzt und vergänglich. Nichts ist stabil. Mensch und Materie sind in gleicher Weise einer so alltäglichen Erscheinung wie dem Wetter unterworfen – Luftdruck, Niederschlag, Luftfeuchtigkeit, Temperatur.

Das Entropiegesetz besagt, daß alles zur Auflösung und Zersetzung neigt. Veränderung und Verfall ist in allem, was ich sehe.

Dinge, die heute vorhanden sind, werden morgen verschwinden. Dies trifft, angefangen von den winzigen Partikeln im Atom bis zum Kosmos, zu. Es trifft auch im geistlichen Bereich zu.

Alles Veränderliche und Vergängliche ist daher kontingent. Etwas, das heute da und morgen weg ist, könnte heute auch *nicht* dagewesen sein. Es steht der Existenz gleichgültig gegenüber. Es kann sein und auch nicht sein.

Folglich muß es eine Ursache außerhalb von sich selbst haben. Wenn diese Ursache ebenfalls unzwangsläufig ist, muß sie ihrerseits eine Ursache haben. Diese Kette von Ursache und Wirkung kann nicht ohne Anfang und ohne Ende sein, denn, wenn alles unzwangsläufig wäre, könnte es genausogut nicht existiert haben.

Wie und warum ist dieses Rad in Bewegung gesetzt worden?

Die Welt der Kontingenz setzt die Existenz eines Wesens voraus, das notwendigerweise existiert, das nicht *nicht* sein kann, das keine Ursache außerhalb von sich selbst hat. Es ist wirklich, ohne von etwas abhängig zu sein. Es könnte nicht nicht sein oder anders sein. Wir nennen dieses Wesen »Gott«. Er muß existieren. Er könnte nicht nicht sein.

12. Das Argument von den Naturgesetzen

In der Natur, in der Gesellschaft, in der Seele und in unserem Körper läuft alles nach bestimmten Gesetzen ab, Naturgesetzen, soziologischen, physiologischen, psychologischen Gesetzen. Es ist unvorstellbar, daß es Gesetze ohne einen Gesetzgeber und Vollstrecker geben soll, der darauf achtet, daß alles gesetzmäßig abläuft.

Gott ist der Gesetzgeber, dessen Gesetze wir durch die Wissenschaft entdecken.

Wir sprechen von chemischen, physikalischen oder biologischen Gesetzen. Wir wollen uns der Tatsache sehr wohl bewußt sein, daß die Chemie und Physik nicht einfach nur chemisch und physikalisch sind. Der menschliche Verstand ist nötig, um sie zu entdecken.

Als Fleming für die Entdeckung des Penicillins gedankt wurde, sagte er: »Ich bin über diese Dankbarkeit erstaunt. Nicht *ich* habe das Penicillin gemacht, sondern die Natur bringt es hervor. Ich habe es nur entdeckt.«

Die Tatsachen der Natur sind einfach da und warten nur darauf, vom Menschen in seinem ewigen Wissensdrang entdeckt zu werden. Da sie von Gesetzen bestimmt werden, sind diese Tatsachen wohlgeordnet und letztendlich zu erkennen. Die Chemie und Physik ändern sich nur, wenn Wissenschaftler ihre Forschungsergebnisse berichtigen, um sie mit den bestehenden Tatsachen in Einklang zu bringen. Die Ordnung der Natur bleibt dieselbe.

Doch die Wissenschaftszweige der Chemie und Physik sind mehr als nur ein Zusammentragen objektiver Tatsachen. In ihnen steckt ein Geist. Sie sind von dem Geist beseelt, der die Gesetze von Anfang an erlassen hat.

13. Das Argument von den Ausnahmen bei den Naturgesetzen

Selbst wenn es vorstellbar wäre, daß Gesetze der Natur zu eigen und nicht von einem bewußt erschaffenden Wesen erlassen worden sind, wie kommt es, daß es Ausnahmen von diesen Gesetzen gibt?

Ein Mechanismus kann keine Ausnahmen machen; er funktioniert stereotyp. In der Natur gibt es jedoch Ausnahmen.

Alle Körper schrumpfen bei Kälte. Nur das Wasser bildet eine Ausnahme: Wasser dehnt sich bei Kälte aus. Eis ist daher leichter als Wasser in seinem flüssigen Zustand und schwimmt oberhalb, indem es eine Schicht bildet, die Tümpel und Seen vor der äußeren Kälte schützt. Aus diesem Grund können Fische den Winter überleben. Wer hat diese Ausnahme beim Wasser gemacht?

Alle Wasserstoffverbindungen sind giftig, mit wieder einer Ausnahme: dem Wasser. Ohne diese Ausnahme wäre Leben nicht möglich. Wer war dafür verantwortlich?

Wer hat bestimmt, daß die Frau Jahrhunderte hindurch nur durch sexuellen Verkehr schwanger werden konnte, und sah dann zu, daß eine Jungfrau ein Kind empfangen und gebären sollte – Maria, die Mutter Jesu?

Die Ausnahmen von den Naturgesetzen sind ein Beweis für die Existenz Gottes.

14. Das Argument von den Wundern

Es gibt ein Argument, das dem vorausgegangenen sehr ähnlich ist: die Existenz von Wundern.

Die Bibel berichtet von vielen Wundern. Eines der auffälligsten ist die Existenz Israels, Gottes auserwähltem Volk.

Den frühesten Hinweis auf Israel außerhalb der Bibel findet man auf der berühmten Merneptah-Säule. Merneptah war der Nachfolger des Pharao Ramses II. Die Säule dokumentiert seine militärischen Erfolge, darunter auch die Prahlerei, daß es »keinen Samen Israels mehr gibt.«

Dreitausenddreihundert Jahre lang hat die Welt die folgende Behauptung wiederholt: »Israel ist zerstört; es hat aufgehört zu bestehen« oder »es ist assimiliert worden.«

Am Triumphbogen des Titus in Rom, der nach der Zerstörung des jüdischen Staates errichtet wurde, befindet sich die Inschrift: »Mit Judäa ist es zu Ende.« Heute flanieren Roms Juden in der Nähe dieses Bogens. Was das Römische Weltreich anbelangt, dieses ist allerdings zu Ende.

Die Geschichte der Kirche ist auch voller Wunder, die nicht hätten geschehen können, wenn es keinen Gott gäbe. Ich möchte nur ein einziges herausgreifen:

Der Erzbischof von Ufa, Andrej Uchtomskij, wurde zum Tode verurteilt und im Gefängnis von Jaroslawl erschossen. Vor der Hinrichtung bat der Erzbischof um die Erlaubnis, beten zu dürfen. Das Erschießungskommando räumte dem Verurteilten mehrere Minuten ein. Als er niederkniete, war es, als ob eine Wolke ihn bedeckte, und er entschwand ihren Blicken. Die das Urteil vollstrecken sollten, wurden so kopflos, daß sie nicht mehr wußten, was sie tun sollten. Er konnte nicht entkommen – und doch war er nicht da!

Erst nach etwa einer Stunde erschien der Hierarch

wieder, auf den Knien an derselben Stelle betend und wie von einer leuchtenden Wolke umhüllt, die sich rasch auflöste. Die Mörder waren erleichtert, daß sie ihr Opfer wieder vor sich hatten, und beeilten sich, ihn zu erschießen.

Viele Leute können sich, wenn sie es recht bedenken, an wundersame Begebenheiten in ihrem Leben erinnern, die ohne Gott nicht hätten eintreten können.

Manche Wunder dieser Art nennen wir »Zufall«, was lediglich ein kleineres Wunder ist, in dem Gott anonym bleiben möchte.

Anatole France hat gesagt: »Zufall ist das Pseudonym, welches Menschen gebrauchen, wenn sie Gott nicht beim Namen nennen wollen.«

Merkwürdigerweise erachten es Atheisten für schwierig, an Gottes Wunder zu glauben. Wie einfach muß es für Gott, der das Rote Meer erschaffen hat, gewesen sein, es zu teilen, damit Sein Volk es trockenen Fußes durchschreiten konnte.

Viele Atheisten glauben an weitaus unannehmbarere Dinge.

Allein aufgrund der Autorität des Zentralkomitees glaubten sowjetische Kommunisten einmal, daß Stalin gleichzeitig der größte Politiker, der größte Stratege, der größte Linguist und der größte Wissenschaftler und Philosoph sei. Sie glaubten, daß dieser einfache Mann, der wegen Diebstahls im Gefängnis gesessen hatte, praktisch unfehlbar sei. Nach seinem Tode glaubten sie aufgrund einer einzigen von Chruschtschow gehaltenen Rede, daß dieser selbe Mann der größte Massenmörder in der Geschichte war.

Nach einer Mitteilung Chruschtschows im Jahre 1959 glaubten sie, daß Sowjetrußland innerhalb von fünf Jahren den materiellen Standard der Vereinigten Staaten erreichen und übertreffen würde. Wir schreiben inzwischen das Jahr 1986, und noch immer kann das kommunistische Rußland nur dadurch leben, daß es Weizen aus kapitalistischen Ländern einführt, hauptsächlich aus den Vereinigten Staaten.

Sowjetische Atheisten haben passiv und auf unterwürfige Weise alle Märchen akzeptiert, daß der Kommunismus Brüderlichkeit unter den Völkern stiften wird. Sie sollten einmal chinesische, jugoslawische und russische kommunistische Zeitungen lesen, und sie werden sehen, wie sich die Genossen gegenseitig hassen.

Sie glauben unkritisch, was der jeweilig oberste Herrscher gerade verkündet.

Die Bibel ermahnt uns, unsere kritischen Fähigkeiten zu gebrauchen. Zum Beispiel: »Ihr Lieben, glaubet nicht einem jeglichen Geist, sondern prüfet die Geister, ob sie von Gott sind« (1. Johannes 4:1); »Propheten aber lasset reden zwei oder drei, und die andern lasset die Rede prüfen« (1. Korinther 14:19).

Der christliche Glaube appelliert in hohem Maße an die Vernunft. So steht beispielsweise geschrieben: »Kommt denn und laßt uns miteinander rechten, spricht der Herr« (Jesaja 1:18). Eine der Hauptthesen Martin Luthers war das Recht auf eine persönliche Auslegung der Heiligen Schrift. *Er* gab den Impuls zur Meinungsfreiheit in der Welt.

Kommunisten verneinten diese biblische Freiheit und gelangten dazu, an unexistente politische Wunder zu glauben.

Es heißt, die Wunder der Heiligen Schrift widersprächen den Naturgesetzen, doch die Menschen vergessen dabei, daß sie selbst, obwohl sie nur über sehr begrenzte Kräfte verfügen, fortwährend gegen die Naturgesetze verstoßen.

Wenn man am Morgen aufsteht, überwindet man beim Aufstehen das Naturgesetz der Schwerkraft. Wenn man mit dem Auto fährt, widersetzt man sich dem Trägheitsgesetz. Wenn man ein Atom spaltet, bricht man das Kohäsionsgesetz. – Wenn der Mensch diese Gesetze übertreten kann, wie logisch ist es dann nur, zu glauben, daß eine höhere Ordnung von Wesen – Engel, vor allem Gott selbst – Dinge tun können, die uns nicht möglich sind, so wie der Wissenschaftler Dinge tun kann, die einen unwissenden Menschen verwirren.

John Stuart Mill hat einmal gesagt: »Ein Wunder steht nicht im Widerspruch zu dem Gesetz von Ursache und Wirkung. Es ist eine neue Wirkung, die vermutlich durch Einführung einer neuen Ursache herbeigeführt wird.« Diese Ursache ist Gott.

15. Das Argument von der Ausdehnung des Universums

Die Verschiebung zum Infrarot des spektroskopischen Bildes, das wir von fernen Galaxien erhalten, beweist, daß sich unser Universum ständig ausdehnt. Astronomen vergleichen das Universum manchmal mit einem Luftballon, einem Spielzeug, auf dem Sterne gemalt sind. Wenn man den Ballon aufbläst, entfernen die Sterne sich voneinander.

Da Astronomen die Geschwindigkeit der Ausdehnung bekannt ist, können sie zurückrechnen, wie groß die Entfernungen vor einer Milliarde oder fünf Milliarden Jahren waren.

Indem sie auf diese Weise zurückgehen, gelangen sie zum Ausgangspunkt – dem Ballon im Zustand vor dem Aufblasen, dem Augenblick der Erschaffung des Universums, oder dem, was Wissenschaftler heute, wie bereits gesagt, »Urknall« nennen.

Die Ausdehnung des Universums ist ein Beweis für die Existenz eines Gottes, der dessen Anfänge festgelegt hat.

16. Das Argument vom zweiten Gesetz der Thermodynamik

Gemäß diesem Gesetz kann in einem geschlossenen System sich etwas nur von Ordnung zu Zufälligkeit, Chaos, Anarchie fortentwickeln. Wenn unser Universum seit jeher bestanden hätte, befände es sich in einem Zustand des Chaos. System und Ordnung könnte es aufgrund der unumstößlichen Tatsache der Entropie nicht mehr geben.

Das Universum ist nur deshalb wohlgeordnet, weil es von einem Gott der Ordnung kommt.

17. Das Argument von der Existenz der Gene

Dieser Beweis ist in Wirklichkeit zwar nur eine Erweiterung beziehungsweise eine spezifische Anwendung des Argumentes vom zweiten Gesetz der Thermodynamik, doch es hat einen gesonderten Wert.

In jedem Lebewesen gibt es einen genetischen Code, der bestimmt, wie es gebaut sein wird. Der Code ist eine Verbindung von Aminosäuren, die sich – gemäß diesem Gesetz der Thermodynamik – wie jede andere Materie spontan nur von Ordnung zu Chaos fortentwickeln können. Woher kommt dann die Ordnung des genetischen Codes?

Jeder menschliche Spermatozyd und jedes Ovulum enthalten Informationen, die, ausgeschrieben, 1 000 Bände mit je 500 Seiten füllen würden. Alles ist dort ausgeschrieben: die Augen- und Haarfarbe, die Gesichtsmerkmale, Größe, Erbkrankheiten, aber auch vererbte Talente, alle Einzelheiten des Körpers sowie das psychologische Hauptgerüst, usw. Kein Wissenschaftler mit all den modernen Geräten könnte auf einem mikroskopisch so kleinen Raum diese Fülle an

Informationen mit dem Impuls zusammenfassen, daß der künftige Embryo und spätere Mensch dementsprechend lebt.

Beim Spalten der Zellen werden sämtliche Informationen geschwind kopiert. Schließlich erhält man Milliarden von Kopien. Kein Kopiergerät könnte diese Leistung erbringen.

Was beim Menschen geschieht, geschieht auch mit den Zellen von Tieren und Pflanzen. Milliarden von Informationen in den Genen sagen Lilien, Tulpen und Rosen, welche Farbe und welchen Duft sie entfalten, was für einen zierlichen Stengel sie haben müssen und wie sie es an ihre Nachfolger weitergeben sollen.

Solche Ordnung kann nicht von Unordnung kommen. Der Mangel an Informationen und Intelligenz in Säuren kann Genen nicht mitteilen, wie sie Intelligenz beim Menschen entwickeln sollen. Säuremoleküle haben keinen Instinkt. Wie teilen sie dann den Genen mit, wie sie bei Tieren Instinkte hervorbringen sollen?

Gene sind ein unwiderlegbarer Beweis für einen intelligenten Schöpfer.

18. Das Argument von der Existenz radioaktiver Elemente

Indem sie Elektronen verlieren, duchlaufen radioaktive Elemente ein Stadium nach dem anderen, bis sie so weit degradiert sind, daß sie zu Blei werden. Das nennt man radioaktive Filiation.

Wissenschaftler wissen nun, wie lange es dauert, bis sich ein radioaktives Element in ein anderes verwandelt hat und schließlich zu Blei wird.

Wenn es das Universum seit jeher gegeben hätte und es nicht erschaffen worden wäre, oder wenn es seit Abermilliarden von Jahren existiert hätte, wären alle radioaktiven Elemente längst zu Blei geworden.

Wie kommt es dann, daß sie noch immer vorhanden sind? Ihr Vorhandensein selbst beweist, daß das Universum nicht seit jeher von sich aus existiert, daß es einen Anfang hat, daß wir in einem erschaffenen Universum leben und daß es folglich einen Schöpfer gibt.

19. Das Argument von der Existenz schwarzer Löcher

In den sechziger Jahren entdeckten Astronomen die Pulsare oder Neutronensterne. Sie werden auch als »weiße Zwerge« bezeichnet und bestehen aus unvorstellbar komprimierter Materie. Ihre eigene Schwerkraft wirkte auf die Masse und ließ sie zusammenbrechen. Der Druck hatte eine Zunahme der Schwerkraft zur Folge. Wir haben eine Kettenreaktion: Schwerkraft bewirkt Zusammenbruch, Zusammenbruch bewirkt eine erhöhte Schwerkraft und so weiter. Der Stern wird immer dichter. Solche Sterne neigen dazu, eine unendliche Dichte und vollkommenen Mangel an Dimension zu erreichen.

Diese Sterne beugen nicht nur das Licht, wie es bei anderen Sternen der Fall ist, sondern sie schlucken es. In dieser Phase nennt man sie »schwarze Löcher.« Sie werden für immer unsichtbar, wie alles an ihrem Horizont. Wir sehen Gegenstände, weil sie Licht aussenden oder es reflektieren. Die »schwarzen Löcher«, die jeden Lichtstrahl schlucken, sind unsichtbare Materie. Wo bleibt der vulgäre Atheist, der sagt, er glaube nur an das, was er sehen könne?

Es gibt drei Zonen: In einer bestimmten Entfernung von dem »schwarzen Loch« ist das Licht sicher. Es kann von diesem merkwürdigen Stern nicht geschluckt, sondern nur gebeugt werden, wie jedes Objekt es beugt. In einer anderen Entfernung wird es geschluckt. Es gibt eine Zone zwischen diesen beiden,

den sogenannten »Horizont der Ereignisse«, in der das Licht weder geschluckt noch gebeugt, sondern gefangengenommen wird. Es wird ihn in einer Umlaufbahn für immer umkreisen. Die Zeit wird für es zu existieren aufgehört haben.

In diesem »Horizont der Ereignisse« gibt es das Raum-Zeitkontinuum, welches unser Universum ist, nicht mehr, weil das Element Zeit verschwunden ist. Wir kommen an die Grenze zwischen unserer Wirklichkeit und einer anderen.

Die Behauptung des dialektischen Materialismus, daß unsere Wirklichkeit, von der Wissenschaft »Raum-Zeitkontinuum« genannt, die einzige sei, steht im Widerspruch zu der Existenz »schwarzer Löcher«, die die Grenze zwischen unserer Wirklichkeit und einer anderen ist, welche außerhalb der Zeit, ewig ist.

A. Wilder-Smith schreibt in »Die Resignation des wissenschaftlichen Materialismus«: »Jenseits des Horizontes der Ereignisse treten alle uns bekannten Gesetze der Materie außer Kraft. Die chemischen Gesetze, die wir kennen, erlöschen; dasselbe geschieht mit den physikalischen Gesetzen und der Materie sowie unserer Wirklichkeit von Materie-Zeit. Die zeitliche Wirklichkeit gelangt nur bis zu dieser Grenze. Was jenseits dieser Grenze liegt, gehört ›dem Jenseits‹ an.«

Die Bibel ist ein einzigartiger Durchbruch von einer anderen Wirklichkeit, der Wirklichkeit Gottes, in unser Raum-Zeitkontinuum. Das grundlegende Dogma des Materialismus, daß die von unseren Sinnen wahrgenommene Wirklichkeit die einzige sei, ist zusammengebrochen, als wir die zusammenbrechenden Sterne entdeckten.

20. Das Argument von der Abstufung in allen Dingen

Der heilige Thomas von Aquin machte folgende Beobachtung: »Unter den Geschöpfen gibt es mehr oder weniger gute, wahre, edle und so weiter. ›Mehr‹ oder ›weniger‹ sind jedoch Prädikate verschiedener Dinge, je nachdem, wie sie in ihrer unterschiedlichen Art etwas gleichen, welches das Höchste ist, so wie etwas als wärmer bezeichnet wird, je nachdem, wie es etwas nahekommt, das am wärmsten ist. Es gibt daher etwas, was am wahrsten, am besten, am edelsten und folglich das Höchste ist.«

Das nennt man Gott.

21. Das metaphysische Argument des Anselm von Canterbury

Konfuzius wurde gefragt, wie er anfangen würde, wenn er ein Land regieren müßte. Er entgegenete: »Ich würde den Sprachgebrauch verbessern.«

Seine Zuhörer waren erstaunt. »Das hat doch mit unserer Frage nichts zu tun!«

Da erklärte Konfuzius folgendes: »Wenn die Sprache nicht stimmt, entspricht das, was man sagt, nicht dem, was man meint. Wenn das, was man sagt, nicht mit dem übereinstimmt, was man meint, wird die Arbeit nicht sauber verrichtet. Wenn die Arbeit nicht sauber verrichtet wird, gedeihen Sitte und Kunst nicht. Wenn Sitte und Kunst nicht gedeihen, gibt es keine Gerechtigkeit. Wenn es keine Gerechigkeit gibt, weiß das Volk nicht, wohin es Hand und Fuß setzen soll. Deshalb sollte eine willkürliche Wortwahl nicht geduldet werden. Von ihr hängt nämlich alles ab.«

In demselben Sinn hat der heilige Thomas von Aquin gesagt: »Es gibt offensichtliche Dinge, die man kennt, sobald die Begriffe bekannt sind. Wenn daher das Wesen des Ganzen und des Teils bekannt ist, ist es offensichtlich, daß jedes Ganze größer ist als ein Teil von ihm.«

Sobald die Bedeutung des Wortes »Gott« verstanden wird, erkennt man sogleich, daß es Gott gibt. Denn mit diesem Wort wird etwas zu verstehen gegeben, jenseits dessen man sich nichts Größeres vorstellen kann. Doch was tatsächlich existiert, ist größer als das, was nur im Intellekt existiert. Sobald daher das Wort »Gott« verstanden wird und es im Intellekt existiert, folgt daraus auch, daß es tatsächlich existiert.

Die Behauptung: »Gott existiert«, ist somit offensichtlich, da die Existenz der Wahrheit offensichtlich ist. Wenn man deren Existenz leugnet, muß deine Behauptung: »Es gibt keine Wahrheit«, richtig sein. Folglich gibt es Wahrheit.

Gott ist Wahrheit. In dem Satz: »Gott existiert«, ist das Prädikat dasselbe wie das Subjekt. Die Existenz Gottes ist offensichtlich.

Spinoza hat geschrieben: »Nur wenn die Wesenheit Gottes Existenz nicht mit einbezieht, könnte man sagen, daß Er nicht existiere.«

Das ist absurd. Daher existiert Gott zwingenderweise, was es aufzuzeigen galt. Man kann zwar sagen, daß es, obwohl wir die Worte »rechteckiger Kreis« haben, es keinen rechteckigen Kreis gibt, weil dies einen Widerspruch in sich birgt. Das ist aber bei Gott nicht der Fall. Was sollte Gott am Existieren hindern? Keine äußere und auch keine innere Ursache können bewirken, daß Er nicht existiert. Vollkommenheit befähigt zum Existieren; Unvollkommenheit behindert es. Keiner Existenz können wir uns sicherer sein als der des absoluten, unendlichen oder vollkommenen Seins, das heißt Gott.

Wir haben diesen Begriff. »Existieren« ist darin mit eingeschlossen. Wir können uns der logischen Schlußfolgerung, daß Gott existiert, nicht länger entziehen. Kant sagt: »Es ist widersinnig zu fragen, ob es einen Gott gibt«, weil der Begriff »Gott«, welcher das vollkommenste Wesen bedeutet, das Merkmal »existieren« mit einschließt. Anselm von Canterbury schreibt in »Proslogion«: »Wenn man sagt, Gott existiere nicht, meint man das Sein, wovon man sich ein größeres nicht vorstellen kann. Es muß aber existent sein, sonst könnte man sich ein größeres Sein vorstellen. Es muß auch ein Sein sein, von dem man sich nicht vorstellen kann, daß es nicht existiert. Niemand, der versteht, was Gott ist, kann sich vorstellen, daß Gott nicht existiere ... Gott ist so, wie man Ihn sich größer nicht vorstellen kann. Und wer das gänzlich versteht, versteht sicherlich, daß dieses Sein so wahrhaftig existiert, daß es nicht einmal in Gedanken nichtexistent sein kann.« — Ich wiederhole: Wenn Gott vorstellbar ist, ist Seine Nichtexistenz unvorstellbar.

Fénelon schreibt in Zusammenhang mit diesem Argument: »Existenz, Wahrheit und Güte sind ein und dasselbe: Böses hat nichts Wirkliches. Es ist unbestreitbar, daß ich mir ein unendliches Sein von unendlicher Vollkommenheit vorstellen kann, und weil ich es mir vorstellen kann, muß es existieren. Dieses Sein ist mit meiner Vorstellung von ihm identisch; es kann nur als Existenz erfaßt werden, weil Existenz in seiner Wesenheit erfaßt wird. Meine Vorstellung davon erfaßt deutlich seine tatsächliche Existenz. Wir müssen die tatsächliche Existenz dieses unendlich vollkommenen Seins bejahen, wie ich die tatsächliche Existenz meines tatsächlichen Gedankens bejahe.« — Malebranche sagt: »Es genügt, über Gott nachzudenken, um zu wissen, daß es Ihn gibt.« Descartes schreibt: »Die Vorstellung von ›unendlich‹ könnte im Geiste eines endlichen Wesens nicht existieren, wenn sie ihm nicht von einem unendlichen Wesen eingegeben wäre.«

22. Das Argument von der Komposition aller Dinge in der Natur

In der Natur ist alles zusammengesetzt. Was für einen komplizierten Aufbau findet man selbst in einem Atom, in einer lebenden Zelle, in einem seelischen Komplex! Alles Zusammengesetzte dient etwas anderem als sich selbst. Ein Bett und ein Stuhl dienen dem Menschen; eine Zelle dient einem Organismus; Moleküle dienen einer Zelle; Elementarteilchen dienen einem Molekül usw. …

Nie gehört eine Absicht der Masse selbst, die keine Intelligenz hat und folglich auch keine Absicht verfolgen kann. Jedes zusammengesetzte Etwas beweist die Existenz des Schöpfers: die zusammengesetzten Dinge des Universums beweisen die Existenz des göttlichen Schöpfers.

Gott muß eine einfache Substanz und nicht zusammengesetzt sein, denn wenn Er eine Anhäufung wäre, würde Er wiederum den Absichten von etwas anderem dienen, und so endlos fort. Da alle Dinge Gott dienen, muß Er sich wesentlich von ihnen unterscheiden. Da Er nicht zusammengesetzt ist, ist Er keinen Veränderungen unterworfen, da Veränderungen von den Reaktionen zwischen Bestandteilen verursacht werden.

Da Gott somit unveränderlich und unveränderbar ist, ist Er offensichtlich auch unsterblich.

23. Das Zeugnis der besten Exemplare der Menschheit

Die Argumente für die Existenz Gottes betrachtend, wollen wir wie ein unparteiischer Richter sein, der alle Zeugen hört, und wie ein gerechter Richter, der ihre Glaubwürdigkeit abwägt.

Zeugen für die Existenz Gottes sind jene Exemplare der Menschheit, die Eigenschaften der Güte, Sanftmut, Liebe und Heiligkeit an den Tag gelegt haben.

Propheten, die Religionsstifter, Jesus Christus, die Apostel und Heiligen aller Zeiten und in allen Teilen der Welt waren Zeugen für Seine Existenz. Ausnahmslos sprechen sie von ihrer persönlichen Erfahrung mit Gott. Die Propheten vernahmen Seine Stimme. Die Apostel kannten Ihn in der Person Jesu, von dem geschrieben steht, daß »Er aus des Vaters Schoß kommt«.

In allen Zeiten hat sich der Vater in vielerlei Weise den Heiligen offenbart. Wahrheit ist das Leitprinzip im Leben all dieser Zeugen gewesen, von denen viele in den Tod gegangen sind, um sie zu verteidigen.

Kein Richter würde die Aussagen solcher Zeugen ohne weiteres unter den Teppich kehren. Das sollen auch wir nicht tun. Ihr vielfältiges Zeugnis ist ein zwingender Beweis für die Existenz Gottes.

Ich möchte die Geschichte von nur einem von ihnen erzählen – von Bartolome de las Casas.

Im Jahre 1502 kam er nach Santo Domingo und lebte, wie es Brauch war, mit Indios als Sklaven. Als er das Evangelium hörte, erkannte er, daß seine Männer und der Wohlstand, den sie ihm brachten, unrechtmäßige Güter waren. Unverzüglich setzte er seine Sklaven auf freien Fuß und rief auch seine Mitkolonisten auf, seinem Beispiel zu folgen und keine Tyrannen mehr zu sein.

Es gelang ihm, die spanischen Behörden zu überzeugen, selbstverwaltete Landwirtschaftskommunen von Indios zu gründen, in denen sie den größten Teil des Gewinnes erhalten würden.

Nachdem er später zum Priester geweiht worden war, gebot er Eroberungsfeldzügen und der Sklavenjagd in Nicaragua Einhalt und brachte Soldaten dazu, daß sie den Befehlen von Sklavenhaltern nicht gehorchten.

Schließlich veranlaßte er Kaiser Karl V. im Jahre 1542, die Sklaverei von Indios abzuschaffen. Papst Paul III. hatte sich in seiner Bulle »Sublimis Deus« bereits gegen sie ausgesprochen.

Inzwischen war Bartolome Bischof geworden. Er verweigerte Sklavenhaltern die Absolution und verteidigte seinen Standpunkt in dem Büchlein »Confessionario«, welches einen Aufschrei gegen ihn in Spanien auslöste. Die Regierung war der Ansicht, daß er zu weit gegangen sei: »Verräter! Er ist ein Verräter! Wir haben kein Anrecht auf Indianer, wenn, wie er sagt, alles, was wir dort getan haben, unbillig ist.«

Selbst Humanisten behaupteten zu jener Zeit, die Indios, eine untergeordnete Rasse, seien von Natur aus Sklaven, und rechtfertigten damit die spanische Eroberung. Las Casas erwiderte: »Das ganze Menschengeschlecht ist eins«, und er sagte, daß die Spanier nicht das Recht hätten, zu erobern oder auszubeuten. Sein Einfluß führte zur friedlichen Kolonialisierung der Philippinen.

Er veröffentlichte ein Buch nach dem anderen zur Verteidigung der Unterdrückten. Von ihm stammt auch das Pamphlet »Kurzbericht über die Zerstörung Westindiens«, welches die Geschichte von dem indianischen Kaziken auf Kuba enthält, der, als man ihm sagte, daß Spanier in den Himmel kämen, antwortet: »Dann möchte ich nicht dorthin kommen, sondern lieber in die Hölle, damit ich nicht dort bin, wo so grausame Menschen sind.«

Woher nahm Las Casas seinen Mut? Er gibt die Antwort selbst: »In Seiner Güte und Barmherzigkeit erachtete es Gott für richtig, mich, obwohl unwürdig, zu Seinem Diener zu wählen, um für alle diese Menschen Westindiens einzutreten gegen die Untaten und das Unrecht, von denen man bislang weder gehört noch gesehen hat. Und ich habe etwa 50 Jahre lang allein für Gott gearbeitet.«

Wir können zugunsten der Religion – vor allem der christlichen Religion – die Schriften und Aufzeichnungen zahlloser Heiliger aller Zeiten anführen. Welche Autoritäten können Atheisten zur Untermauerung ihrer Anschauung auftreiben?

Sie können keine Wohltäter der Menschheit für sich beanspruchen. Ihre Zeugen sind die größten Verbrecher des Menschengeschlechts: Stalin, Chruschtschow, Breschnew, Tito, Mao Tse-tung, Pot Pol und Karl Marx, den Urheber des Horrors und Holocausts.

Welcher unparteiische Richter hätte die geringste Schwierigkeit, sich für die Existenz Gottes zu entscheiden, wenn er zwischen diesen zwei Arten von Zeugen zu wählen hätte?

24. Das Zeugnis von Wissenschaftlern

Die meisten wirklich großen Wissenschaftler – diejenigen, die den Bau des Universums und das Geheimnis des Lebens am besten kannten – sind Gläubige gewesen.

Unser Universum hatte zwei Namen: das Newtonsche und das Einsteinsche Universum. Sowohl Newton als auch Einstein glaubten an Gott, wenn auch auf verschiedene Weise. Nils Bohr, Piccard, Pasteur, Mendel, Filatow und unzählige andere Wissenschaftler und Begründer wissenschaftlicher Disziplinen waren Gläubige.

Sie sind ein beredtes Zeugnis für die Existenz Gottes. Ich glaube nicht, daß jemand mehr berechtigt ist, im Namen der Wissenschaft zu sprechen als Einstein, wenn auch nur deshalb, weil das Universum seinen Namen trägt. Er sagte, daß unsere bisherigen Erfahrungen unser Gefühl rechtfertigten, daß »in der Natur die Idee mathematischer Einfachheit verwirklicht ist«. Laut Einstein ist das Universum somit die Verwirklichung einer Idee. Er weigerte sich, seine Relativitätstheorie aufzugeben, und sagte, daß »man weder logische noch experimentelle Gründe und auch nicht die Überlegung von Einfachheit und Schönheit gegen sie anführen kann«.

Wenn das Universum aber erfüllte Schönheit ist, muß es einen Künstler geben, der sie ersonnen hat.

Ich habe vollen Respekt vor den wissenschaftlichen Kenntnissen atheistischer Denker, aber sie müssen auch zugeben, daß Einstein eine größere Autorität ist als sie.

In der Universität Princeton stehen in einem der schönen Säle über dem Kamin folgende Worte Einsteins: »Gott, der die Natur erschafft und in ihr ist, ist sehr schwierig zu verstehen, aber er ist nicht willkürlich oder arglistig.« Ein Gott, der denkt, ein Denker; ein Gott, der nach Schönheit trachtet, ein Künstler; ein Gott, der Güte ist – so Einstein. Und im Vergleich zu ihm sind wir alle – selbst die Mitglieder der Moskauer Akademie der Wissenschaften – Zwerge.

Vielleicht möchtest du gern wissen, was der große Physiker Max Planck in seiner wissenschaftlichen Autobiographie sagt. Er ist der Begründer der Lichttheorie. Hier seine Worte: »Religion und Naturwissenschaft kämpfen einen gemeinsamen Kampf in einem unablässigen, niemals nachlassenden Feldzug gegen Skeptizismus und gegen Dogmatismus, gegen Unglauben und gegen Aberglauben, und der Sammelruf in diesem Feldzug war immer und wird immer sein: ›Hin zu Gott‹!«

Möglicherweise räumen Atheisten ein, daß manche Wissenschaftler zwar religiös seien – aber nur von Tradition aus –, und daß die Religion in Wirklichkeit keine bedeutende Rolle in ihrem Leben spiele. Das stimmt nicht. Einstein war in seiner Jugend ein

Atheist. Von Geburt war er Jude, so daß ihn seine ganze Erziehung gegen das Christentum voreingenommen machte. Seine wissenschaftlichen Erkenntnisse machten jedoch einen religiösen Menschen und großen Verehrer Jesu Christi aus ihm.

Und da wir gerade von Einstein reden, zitieren wir ihn abermals: »Die meisten Leute sagen, es sei der Intellekt, der einen großen Wissenschaftler ausmache. Sie haben unrecht, es ist der Charakter.« Der Charakter wird aber nicht vom Atheismus, sondern von der Religion hervorgebracht.

Man kann kein wahrer Wissenschaftler sein, wenn man nicht einen aufrichtigen und unverfälschten Charakter hat, der dem Atheismus fremd ist.

25. Der Beweis von großer Kunst

Die Religion hat zu Kunstwerken inspiriert, wie beispielsweise den Gemälden Michelangelos, Raphaels und Rembrandts, der Musik von Palestrina, Bach und Mendelssohn sowie der Dichtung von David, Dante und Milton. Können Atheisten wenigstens *ein* Kunstwerk nennen, zu dem die Gottesleugnung inspiriert hätte?

Nie ist jemand für den Atheismus beredt gewesen; nie könnte man den Atheismus malen, ihn besingen oder ein Gedicht über ihn machen. Allein diese Tatsache sollte einem zu denken geben. Sie ist eine der gewichtigsten Argumente gegen den Atheismus.

26. Das Zeugnis von Bauern

Der Atheismus ist das Kind von Städtern, die von Mauern umgeben sind und das Universum durch verrußte Fensterscheiben sehen. Sie sehen das Universum nicht so, wie es wirklich ist.

Bauern, die noch in engem Kontakt zur Natur leben, wissen es am besten. — Bauern sind nicht Atheisten, weil sie wissen, daß man die Natur nur als Gottes Schöpfung verstehen kann.

27. Das Zeugnis von Tiererfahrungen

Da der Mensch nicht der einzige Bewohner des Universums ist, ist es nicht richtig, wenn man allgemeine Schlüsse bezüglich der wichtigsten Probleme zieht, ohne über die Erfahrungen anderer Arten Betrachtungen anzustellen.

Alle, die mit Tieren vertraut sind, vor allem Landwirte, erkennen die Tatsache, daß Haustiere, vor allem Hunde, aber auch Pferde, ein Gespür für metaphysische Wirklichkeiten haben, das dem Menschen fehlt. Der Hund im Haus scheint den Tod seines Herrchens im voraus zu wissen, selbst wenn dessen Tod in einiger Entfernung oder unerwartet eintritt. Dieses Wissen äußert sich in melancholischen Zuständen, die zur Nahrungsverweigerung, ja bis zum Tod des betreffenden Tieres führen können …

In der Regel schreibt man das dem Instinkt zu, aber was nehmen die Tiere durch den Instinkt wahr? Sie nehmen ein Wesen wahr, das wir nicht sehen – den Todesengel. Die metaphysische Wirklichkeit, deren letzter Ausdruck Gott ist, wird durch die Erfahrungen der Tierwelt bestätigt.

Es ließe sich noch vieles mehr im Zusammenhang mit dem Tierleben sagen.

Für Materialisten ist das Denken eine Funktion des Gehirns. Die komplizierte Struktur des menschlichen Gehirns soll angeblich unsere Fähigkeiten erklären. Wie kommt es aber, daß Bienen rechnen können? Verfügen sie über einen solchen überaus hochqualifizierten Verstand?

Professor Dr. James Gould von der Universität Princeton berichtete 1983 auf einer Konferenz in den USA von einem erstaunlichen Experiment, das er mit Bienen gemacht hatte.

Er stellte eine Schale mit Zuckersirup in einer bestimmten Entfernung zum Bienenstall auf. Nachdem die Bienen den Sirup entdeckt hatten, rückte er die Schale um das 1,25 fache weiter weg vom Bienenstall. Beim dritten Versuch war die Entfernung 1,25 mal so groß wie beim zweitenmal und so weiter, bis die Schale 900 Meter vom Bienenstall entfernt war.

Als Professor Gould jedoch dort anlangte, erlebte er eine Überraschung: Die Bienen waren schon vor ihm da und warteten auf den Sirup.

Die Bienen wußten, daß sich die Entfernung jedesmal um den Faktor 1,25 vergrößerte und hatten den neuen Standort der Schale vorher ausgerechnet.

Als Gould gefragt wurde, ob er eine Erklärung dafür habe, antwortete er: »Nein. Es hätte mir gefallen, wenn sie es nicht getan hätten«, dies, weil er vor einem Rätsel stand. Tierische Fähigkeiten sind nicht erklärbar, außer wenn es einen Gott gibt, der für sie denkt.

An vielen Orten der Ostküste der USA werfen Möwen Austern auf den Beton von Parks. Die Schalen zerbrechen, und sie können das Fleisch verspeisen, an das sie sonst nicht herankommen könnten. Geier in Afrika, die nicht in der Lage sind, die harten Schalen bestimmter Eier zu öffnen, bombardieren sie mit Felsstückchen. Denken sie logisch ohne einen entsprechenden Verstand und ohne Aristoteles' Denkregeln zu kennen? Oder gibt es einen Gott, der für alle Seine Geschöpfe sorgt?

Wale verständigen sich mit Signalen von so hoher Frequenz, daß das menschliche Ohr sie nicht wahrnehmen kann. Sie können Geräusche unterscheiden, mit denen sie Wohlbefinden ausdrücken, den Wunsch, sich zu vergewissern, daß die Familie in der Nähe ist, den Wunsch, zu spielen oder zu schlafen. Es gibt ein Geräusch für Schmerz infolge Krankheit und ein anderes für Geburtswehen. Sie haben ihre Liebeslieder, Schlummerlieder für junge Wale, Informationen über Nahrungsplätze, Kommandos wie »vorwärts« oder »halt« sowie Trauerlieder für Todesfälle.

Einige afrikanische Affen haben für verschiedene Tiere etwas, was wir als »Namen« bezeichnen könnten. Sie warnen ihre Freunde in verschiedenen Tonhöhen, je nachdem, ob die Gefahr von einem Leopard, einer Schlange oder einem Greifvogel droht. Vor Schlangen verstecken sie sich auf Baumwipfeln und vor Vögeln in dornigen Sträuchern usw. (»Welt«, 5. Juni 1983).

Das Tierleben sagt uns, daß es einen Gott gibt.

28. Der Beweis von der Stillung unserer Bedürfnisse

Für alle grundlegenden menschlichen Bedürfnisse gibt es eine Wirklichkeit, die außerhalb der Reichweite des Menschen liegt. Wir werden mit Lungen geboren, und wir finden Luft zum Atmen. Wir kommen, von Milch abhängig, zur Welt und finden eine Mutterbrust. Wir wachsen heran, und unsere Bedürfnisse ändern sich; dementsprechend ändert sich auch die Milch in der Mutterbrust. Wir werden mit dem Verlangen nach Nahrung geboren und treffen in der Welt, die wir bewohnen sollen, Gemüse, Obst und Fleisch an. Wir werden mit einem Körper geboren, der krank werden kann, und wir finden in der Erde, in ihren Salzen, Pilzen und Kräutern, Heilmittel für alle unsere Krankheiten. Die Wirklichkeit auf Erden entspricht somit immer unseren grundlegenden Bedürfnissen.

Doch der Mensch ist nicht bloß Körper. Er ist ein Organismus, der einen Vater braucht, der ihn beschirmt und tröstet und ihn zu sittlicher Ordnung ermutigt. Es wäre in der Tat merkwürdig, wenn eine äußere Wirklichkeit allem anderen entsprechen sollte und dem nicht.

Der Wunsch, glücklich zu sein, und die Fähigkeit des Menschen, sich das vorzustellen, übersteigen bislang die glücklichsten Augenblicke einer begünstigten – geschweige denn einer elenden – Existenz so sehr, daß es unvorstellbar ist, daß es keine äußere Wirklichkeit gibt, die dem entspricht. Wenn Verlangen Erfüllung voraussetzt, dann muß es das in der Vorstellung existierende Paradies tatsächlich geben. Und das Paradies, die erträumte Vollkommenheit, die die verborgenen Sehnsüchte aller Menschen erfüllt, ist die Wohnung Gottes, der sie allen, die darin wohnen möchten, anbietet.

Und wie steht es mit Gut und Böse?

Wenn es keinen obersten Richter gibt, der Gutes belohnt und Böses bestraft, hätte es keinen Sinn, sittsam zu leben.

Und wenn der Glaube an diesen Richter schwindet, schwindet auch der grundlegende Kitt der Gesellschaft. Die menschliche Gesellschaft braucht einen gerechten Gott. Dieser Notwendigkeit entspricht auch eine äußere Wirklichkeit.

29. Der Beweis von künstlichen Satelliten

Heute sind die Menschen selbst Erbauer von »Sternen«. Ich rede von künstlichen Satelliten. Diese sind zwar sehr winzige Planeten, doch sie haben uns experimentell bewiesen, daß selbst hinter den kleinsten Punkten im Weltall, die nur eine Handvoll Menschen enthalten, stets eine ungeheure Intelligenz steckt.

Unsere von Menschenhand geschaffenen »Sterne«, für die knifflige Berechnungen und komplizierte Geräte erforderlich sind, haben nur eine kurze Lebensdauer. Und doch sind sie als Errungenschaften ganz außerordentlich.

Könnten sie nur durch Zufall entstanden sein?

Unsere Erde ist auch ein Satellit, der seine Milliarden von Bewohnern jedes Jahr um die Sonne trägt. In der ganzen Geschichtsschreibung ist sie nie vom Kurs abgekommen oder in die feurige Umlaufbahn der Sonne geraten. Hinter unserer Erde und hinter den Millionen ähnlicher Satelliten und anderen Sonnen, hinter all den zahllosen Sternen am Himmel muß auch ein Verstand stehen, der diese Wunder ersonnen hat, eine Person, die sie geschaffen hat und lenkt. Diese Person ist Gott.

30. Der Beweis von der automatisierten Industrie

In einem automatisierten Betrieb kann man lange umhergehen, bis man einen Ingenieur oder Arbeiter zu Gesicht bekommt. Die Motoren und Maschinen beeinflussen sich gegenseitig und stellen alle nötigen Bewegungsabläufe her. Hinter der Automatisierung steht aber der Ingenieur, der sie erfunden und ausgeklügelt hat, und während des Arbeitsablaufes führt der Arbeiter das Kommando.

In ähnlicher Weise scheint das materielle Universum automatisch zu funktionieren. Doch lassen wir uns nicht täuschen: Ohne einen Konstrukteur und Lenker hätte es nie entstehen können. Sein Baumeister und Schöpfer ist Gott.

31. Der Beweis von erhörten Gebeten

Seit Jahrhunderten und Jahrtausenden haben unzählige Gläubige die Tatsache bezeugt, daß in ausweglosen Situationen gesprochene Gebete, da menschlich gesehen alles bereits verloren zu sein schien, erhört wurden, manchmal auf bemerkenswerte Weise.

Wenn solche Erfahrungen nicht bestätigt worden wären, wäre die Praxis des Betens schon längst verlorengegangen, zusammen mit vielen abergläubischen Vorstellungen, die mit der Zeit verschwunden sind.

Erhörtes Gebet ist ein Beweis für die Existenz des Einen, der es hört und erhört.

32. Das Argument von der Notwendigkeit eines ewigen Geistes

Dieses Argument ist hauptsächlich von dem englischen Philosophen Bishop Berkley herausgearbeitet worden, welcher sagt, daß das Universum nur in einem Geist existieren könne. Der Geist ist der »Computer«, der die Millionen von Eindrücken verarbeitet, die er tagtäglich über die Sinne empfängt, und aus ihnen ein Universum schafft. Nach gebührender Überlegung ordnet der Geist alle über die Sinne wahrgenommenen Ereignisse in die Kategorien Quantität, Qualität, Kausalität, Modalität und Finalität ein.

Der Tastsinn sagt dem Verstand, daß er etwas Weiches fühlt; die Zunge sagt, daß sie etwas Salziges schmeckt; das Auge erkennt etwas Gelbes. Daraus konstruiert der Verstand den Begriff »Käse.«

Jenseits objektiver Analysen stattet der Verstand Gegenstände mit Wertvorstellungen aus. Die Rose ist nur für das Auge eines das Schöne liebenden Menschen schön. Das Universum ist somit in einem Geist konstruiert.

Wo war aber das Universum, als es den menschlichen Verstand noch nicht gab?

Da das Universum nachweisbar älter ist als der menschliche Verstand, muß es schon immer einen Verstand gegeben haben, der es ersonnen hat. Dieser ewige Verstand ist Gott.

33. Der Beweis von der Existenz des Bösen

Anstatt diesen Beweis anzuführen, möchte ich berichten, wie er einen führenden Kommunisten überzeugte.

Kommunisten hassen, verhaften, foltern und töten sich gegenseitig in Gewaltorgien.

In der Stalinära wurde in der Tschechoslowakei ein führender Kommunist namens Löb von seinen eigenen Genossen ins Gefängnis gesteckt und einer Gehirnwäsche unterzogen. Allein in einer Zelle mußte er Tag und Nacht anhören, wie ein Lautsprecher zum Wahnsinn treibende Worte schmetterte: »Spion! Verräter! Konterrevolutionär! – Oh nein, entschuldige, lieber und treuer Genosse! – Nein, Spion! Verräter! – Nein, Genosse! – Man wird dich aufhängen! Es ist alles so verwirrend: Man wird dich bald wieder auf freien Fuß setzen. Deine Verhaftung ist ein Irrtum gewesen. Roter, niederträchtiger, lieber Genosse, unschuldiges Opfer von Ungerechtigkeit ... « und so fort. Das ging wochenlang so weiter.

Da hatte er plötzlich eine Erleuchtung. Es kam ihm folgender Gedanke: »Wenn Kommunisten Christen oder andere Feinde foltern, so hat das einen Sinn. Wir können nicht den Sieg davontragen, wenn wir sie nicht unschädlich machen. Wenn aber Kommunisten Kommunisten foltern, so ist das Bosheit ohne jeden Sinn; es ist Böses um des Bösen willen.

Ich habe jetzt die tiefsten Tiefen des Bösen erlebt.

Es gibt aber keine Elektrizität ohne zwei Pole, keine Münze ohne zwei Seiten. Wenn es eine extreme Tiefe des Bösen gibt, muß es auch eine extreme Höhe der Liebe geben. Diese ist Gott.«

Als er daraufhin wieder zum Verhör gerufen wurde, sagte er zum Polizeibeamten: »Sie können den Lautsprecher jetzt abschalten. Ich habe zu Gott gefunden.«

In der Physik gibt es ein Gesetz, welches besagt, daß es für jede Aktion eine gleich große Gegenreaktion gibt. In diesem Sinne beweisen Exzesse des Bösen, wie Auschwitz, der Archipel Gulag oder die Massaker in Kambodscha, Gottes Existenz.

Jedes tiefe menschliche Leid ist nicht ein begründetes atheistisches Argument, sondern ein Beweis dafür, daß es einen Tröster geben muß, der es entlohnt.

Viel Leid ist, direkt oder indirekt, Gottes Strafe für Sünde. Von solchem Leid abzuleiten, daß es keinen Gott gibt, heißt, die Zweckdienlichkeit in Abrede zu stellen. Man könnte ebenso gut beweisen, daß ein Kind keinen Vater hat, weil sein Vater es verprügelt.

Aus menschlicher Sicht mag die Bestrafung für ein Vergehen unerhört hart erscheinen. Aber Gott ist darum besorgt, seine Geschöpfe so zu formen, daß sie ewige Verkörperungen von Güte und Heiligkeit sind. Für eine große Statue benötigt man Hammer und Meißel sowie eine Feile und eine weiche Bürste.

34. Das Argument vom Glauben eines Menschen

Jeder sollte an der Formulierung seiner Denkweise so lange arbeiten, bis sie zur sicheren Wahrheit wird, so wie Jesus die Wahrheit in Person war.

Sowie man in seinen Denkprozessen Fortschritte macht, schwinden innere Zweifel. Für einen solchen Menschen ist die Tatsache, daß er an Gott glaubt,

Grund genug, die Gewißheit zu haben, daß es Gott wirklich gibt.

Wahrheit ist die Denkweise eines heiligen, Jesus ähnlichen Menschen. Sowie er mehr und mehr wie Jesus wird, weiß er, daß sein Glaube wahrhaftig ist. Sein Leben bestätigt seine Denkweise.

35. Das Argument von der Unmöglichkeit, das Gegenteil zu beweisen

Niemand wird jemals in der Lage sein, die Vernünftigkeit des Atheismus zu beweisen, der damit beginnt, daß er die Existenz eines bestimmten Forschungsobjektes, nämlich Gott, bestreitet.

Wenn man ein Zimmer gründlich nach einem Gegenstand durchsucht und diesen nicht findet, ist das noch kein Beweis, daß er nicht existieren würde, sondern nur, daß die Suche bislang erfolglos verlaufen ist: der Gegenstand ist vielleicht gut versteckt oder der Suchende vielleicht blind.

Wenn ein Suchender schon in einem Zimmer erfolglos sein kann, um wieviel mehr erst im Universum? Wer wird je in der Lage sein, die enormen Ausdehnungen des unendlichen Universums auszuloten, um feststellen zu können, daß das Objekt »Gott« nicht existiert?

Unseren Sinnen, unserer Intuition, unseren rationalen Überlegungen sind Grenzen gesetzt. Wie kann man selbstsicher die Existenz eines Wesens in Abrede stellen, das vielleicht unser Wahrnehmungsvermögen, unsere »Antenne« übersteigt?

Selbst wenn keine einzige Person jemals die Existenz Gottes erfahren hätte, würde diese noch immer nicht Seine Nichtexistenz beweisen.

Jede Sekunde gehen 1.000.000.000.000.000 Neutrinos – Elementarteilchen ohne elektrische Ladung und mit wenig oder gar keiner Masse, von der Sonne ausgestrahlt – durch jeden menschlichen Körper. Dieses alarmierende Stück Information war bis vor kurzem unbekannt. Noch jetzt ist nicht einmal einer von tausend oder vielleicht gar einer Million sich dessen bewußt.

Wesen können ohne unser Wissen existieren. Schlüsselblumen wuchsen auf Berggipfeln, lange bevor Menschen sie entdeckten.

Bis vor ein paar Jahren wußte niemand etwas von Neuropeptiden – einer kurzen Kette von Aminosäuren, die im Nervensystem aktiv sind –, die unser Verhalten zum Trinken und den Sexualtrieb beeinflussen können. Und doch waren sie ohne unser Wissen beziehungsweise unsere Zustimmung vorhanden.

Heute würde ein Buch, das die Nichtexistenz von Neutrinos und Schlüsselblumen beweisen wollte, in der Tat sehr töricht erscheinen. Und ein aneuropeptidisches Denksystem wäre nicht weniger unsinnig.

Wenn alles gesagt und getan ist, hat niemand einen unüberwindlichen Grund zu glauben, daß Gott nicht existiere. In der Tat gibt es zahlreiche Beweise für Seine Existenz (von denen wir hier lediglich ein paar erwähnt haben), aber keinen einzigen für Seine Nichtexistenz. Ob Atheisten es zugeben mögen oder nicht, sie müssen es *ohne Beweis* annehmen, daß Gott nicht existiert.

Erzbischof Fulton Sheen hat einmal scharfsinnig bemerkt: »Gott ist die offensichtlichste Tatsache menschlicher Erfahrung. Wenn wir uns Seiner nicht bewußt sind, dann weil wir zu kompliziert sind oder unsere Nase stolz in die Höhe recken. Seht her! Er ist zu unseren Füßen.«

Man muß einen starken Glauben an viel Ungereimtes haben, um Atheist zu sein.

*

Stalin erklärte einmal in einem Interview, das er einer finnischen Zeitschrift gab, den Gedankengang, der ihn dazu geführt habe, gottlos zu werden: »Wenn es Gott gibt, muß Er die Sklaverei, den Feudalismus und den Kapitalismus eingesetzt haben. Er muß den Wunsch haben, daß die Menschheit leidet, wie die Mönche mir immer sagten . . .

Dann aber würde es keine Hoffnung für die sich abplagenden Massen geben, sich von ihren Unterdrückern zu befreien.«

Wo bleibt hier die Logik? Beweist die Tatsache, daß Stalin einige Gesellschaftsordnungen mißfielen, von denen Mönche sagten, sie seien von Gott eingesetzt, daß Gott nicht existiert?

Es wäre logischer gewesen, zu sagen: »Ich will mich diesem ungerechten Gott entgegenstellen«, oder »ich finde vielleicht einen anderen Urheber der Leiden der Menschheit als Gott.« (Stalin wurde später der berüchtigste Leidensstifter in der Geschichte des Menschengeschlechts).

Zu sagen: »Gott existiert nicht«, weil ich den Feudalismus oder den Kapitalismus nicht mag, ist eindeutig absurd.

Louis Blanc, einer der bedeutendsten Führer des Sozialismus, soll einmal gesagt haben: »Als ich ein Baby war, rebellierte ich gegen meine Kinderschwester. Als ich ein Kind war, rebellierte ich gegen meine Lehrer und gegen meine Eltern. Als ich ein Mann war, rebellierte ich gegen die Regierung. Wenn ich sterbe, und es gibt einen Himmel und ich dorthin komme, werde ich gegen Gott rebellieren.«

Der Atheismus ist daher nicht so sehr Ausdruck einer Philosophie, als vielmehr eines rebellischen Charakters. Worin besteht sein Nutzen?

Sechzig Prozent der Weltbevölkerung sind noch immer Analphabeten. Es gibt ganze Stämme, die noch immer in der Steinzeit leben, so in Neuguinea, im tiefen Dschungel von Ecuador oder auf den Philippinen.

Männer, die an Gott glauben, sind zu diesen Stämmen gegangen, um die Eingeborenen von ihrer Unwissenheit und Verwahrlosung zu befreien und sie zu erziehen. Das ist nur möglich, wenn man ihnen die Botschaft Gottes bringt.

Ist es vorstellbar, daß man zu Eingeborenen und Kannibalen, die noch in der Steinzeit leben, geht und ihnen sagt, daß es keinen Gott gäbe und sie deshalb ihr Leben neu gestalten und als edle Menschen leben müßten?

Man sagt, ein kommunistischer Agitator habe es sich auf den Neuen Hebriden zur Aufgabe gemacht, den Eingeborenen zu erklären, daß es keinen Gott gäbe. Nachdem sie ihm aufmerksam zugehört hatten, sagten sie: »Geh nach Hause und danke Gott, an den du nicht glaubst, daß du nicht als erster hierhergekommen bist. Vor dir ist ein Missionar dagewesen, der uns von Gott erzählt und aus Kannibalen zivilisierte Menschen gemacht hat! Wenn er nicht vor dir gekommen wäre, hätten wir dich aufgefressen.«

*

Die Geschichte beweist, daß es noch nie so grausame Regime gegeben hat wie die von Atheisten gelenkten. Es hat viel Barbarei auf der Welt gegeben, aber die größten Grausamkeiten sind von den sowjetischen Herrschern Lenin und Stalin begangen worden, gefolgt von Chruschtschow und Breschnew, ganz zu schweigen von den raffinierten Greueltaten Mao Tsetungs und Pol-Pots.

In der ganzen kommunistischen Welt findet man keine einzige private Wohltätigkeitsinstitution.

Ein herzloser Staat mag sich zwar um die Kranken, Alten und Waisen kümmern, aber ein von Liebe geleitetes Krankenhaus ist etwas ganz anderes als ein Krankenhaus, das vom Staat als Geschäft betrieben wird.

In einer portugiesischen Kolonie stellte man fest, daß die örtliche Bevölkerung das entfernte Missionskrankenhaus im Vergleich zum staatlichen Krankenhaus bevorzugt aufsuchte. Eines Tages fragte eine Ordensschwester: »Warum geht ihr nicht ins staatliche Krankenhaus? Dort gibt es doch dieselben Medikamente wie bei uns.« Die Antwort lautete: »Die Arzneien sind dieselben, aber die Hände sind nicht dieselben.«

Der Atheismus kennt die Meditation nicht. Wenn ich über Gott und Sein Wort meditiere, werde ich stark und von Freude erfüllt, da ich weiß, daß ich einen Erlöser habe, einen Vater, der an mich denkt. Atheisten müssen jedoch die Meditation über die letzte Wahrheit meiden.

Pascal schrieb: »›Es gibt keinen Gott.‹ Ist das etwas, was man gerne sagt? Ist es nicht eher etwas, was man mit Tränen in den Augen als das Traurigste auf der Welt sagt?«

*

Atheisten haben in Augenblicken der Verzweiflung keinen Tröster. Ein allzu kurzes irdisches Leben, das in der Angst zugebracht wird, man könnte ohne jegliches Motiv aus Laune eines grausamen Diktators verhaftet werden, kann wenig Muße beziehungsweise Zufriedenheit schenken.

Der Autor dieses Buches hat jahrelang in einer Einzelhaftzelle gesessen. Die schlimmste Folter der Einzelhaft ist die extreme Langeweile. Für einen Menschen ohne Christus ist sie unerträglich. Aber ich kann mir nichts Langweiligeres vorstellen als den Atheismus, der sagt: »Die Welt ist ein leerer Raum. Ich habe niemanden, weder hier noch danach, weil es kein Danach gibt. Ich bin allein. Ich habe keinen Freund hier und auch keinen im Himmel, weil es keinen Himmel gibt. Es ist niemand da, der mich versteht, niemand, der mich liebt. Eines Tages werde ich sterben und für immer verschwinden und niemand wird sich darum scheren. Meine Geburt war ein Zufall. Mein Tod hat keine Bedeutung. Und ich bin allein.«

Der Atheismus ist Langeweile quälendster Art. Sein Kind ist Verzweiflung, seine Enkel Trunksucht und Selbstmord.

Während der heilige Johannes in einer Vision die himmlische Stadt Jerusalem mit einem Fluß sah, der Wasser des Lebens mit sich führte, beschreibt der bekannte atheistische Dichter James Thompson die Stadt des Atheismus mit folgenden düsteren Worten: »Der gewaltige Fluß fließt dunkel und tief bei Ebbe und Flut von den entlegenen Gezeiten. Sein Name klingt durch der Stadt schlaflosen Schlaf, der Fluß der Selbstmorde.«

Ein aufrichtiger Atheist, Dr. E. Wengraf, gestand einmal im »Neuen Wiener Journal«: »Jedes Stück antireligiöser Propaganda kommt mir wie ein Verbrechen vor. Zwar möchte ich nicht, daß es als ein Verbrechen geahndet wird, aber ich halte es für unmoralisch und widerlich; nicht aus Begeisterung für meine Überzeugung, sondern aufgrund des durch eine lange Lebenserfahrung erworbenen simplen Wissens, daß unter denselben Bedingungen ein religiöser Mensch glücklicher ist als ein nichtreligiöser.

In meiner Gleichgültigkeit und skeptischen Einstellung gegenüber jeglichem positiven Glauben habe ich oft andere Menschen beneidet, denen tiefe Religiosität eine starke Hilfe in all den Stürmen des Lebens war. Die Seelen solcher Menschen zu entwurzeln ist eine verachtenswerte Tat. Ich verabscheue jegliches Bekehrertum. Und doch kann ich verstehen, warum jemand, der fest an einen rettenden Glauben glaubt, andere zu bekehren versucht. Aber Propaganda für den Unglauben kann ich nicht verstehen. Wir haben nicht das Recht, jemandem seinen schützenden Unterschlupf wegzunehmen, und sei es auch eine noch so schäbige Hütte, wenn wir nicht sicher sind, daß wir ihm ein besseres, schöneres Haus anbieten können. Doch Menschen aus der angestammten Heimat ihrer Seelen zu locken und sie dann in der Wildnis von Hypothesen und philosophischen Fragezeichen umherirren zu lassen, ist entweder krimineller Fatalismus oder kriminelle Rücksichtslosigkeit.«

*

Das eine oder andere Argument für die Existenz Gottes kann zwar isoliert gesehen in Frage gestellt werden, doch die gemeinsame Kraft der zwingendsten Argumente ist wie das aus vielen Fasern bestehende Tau, das eine Brücke hält.

Andererseits verfügt der Atheismus, obgleich er viele Fragen haben mag, über keinerlei Argumente.

Die Argumente für die Existenz Gottes mögen dich vielleicht nicht ganz überzeugt haben, doch wisse, daß es gar keine Argumente für den Atheismus gibt. Auf welche Seite stellst du dich? Wie wird es sein, wenn es Gott doch gibt, und du dein Leben, fern von Ihm, verlierst?

Der französische Philosoph Holbach, der sich »der persönliche Feind Gottes« nannte, stellte Seine Existenz in Abrede, indem er sagte, daß nur die Natur wirklich sei. Er beschreibt die Natur als nicht geschaffen, aber alles erschaffend, als ewig, und unendlich, Weisheit, Schönheit, Organisation, Geist, Plan und Ordnung enthaltend.

Armer Tor! Er hat Gott lediglich einen anderen Namen gegeben – Natur –, während er gleichzeitig an alle Seine Eigenschaften glaubte.

Die Beweise für die Existenz Gottes mögen diskutabel sein, nicht aber diejenigen für Seine Nichtexistenz. Solche gibt es überhaupt nicht.

Mehr noch, die Nichtexistenz Gottes ist undenkbar. Wie wäre die Menschheit ohne einen Gott auf diesen Gedanken gekommen, der ihren Sinneswahrnehmungen so fremd ist? Selbst Science-fiction-Schriftsteller und Filmemacher scheinen trotz all ihrer schöpferischen Freiheit nicht in der Lage zu sein, sich Geschöpfe anderer Ordnung vorzustellen: Ihre außerirdischen Wesen haben stets Augen, Ohren und Mund.

Wer hätte sich den Gott der Hebräer und Christen ausdenken können, wenn Er sich nicht offenbart hätte?

Glaube an den Einen, nach dem sich dein Inneres so sehr sehnt, wenn du ehrlich mit dir selbst bist. Er heißt Gott.

*

Uns fehlt die Antwort auf die wichtigste Frage: Was soll ich mit meinem Leben anfangen? Goethe hat gesagt: »Ein nutzloses Leben ist ein früher Tod.«

Um diese Frage beantworten zu können, benötigen wir Gottes Kraft, das Leben geistlich reich zu machen, so wie Er den heiligen Franz von Assisi glücklich gemacht hat. Das heißt nicht bestreiten, daß andere auch Freuden haben. Aber!

Jemand sagte einem Christen, der enthaltsam lebte: »Ich könnte nicht so leben wie Sie. Ich habe Freude an meinen Mahlzeiten.« Da erwiderte der Christ: »Ich habe auch Freude zwischen den Mahlzeiten und wenn ich keine Mahlzeiten einnehme.« Das ist der Unterschied, den Gott im Leben macht.

*

Bereits mehrmals habe ich in diesem Buch etwas eingestanden, und ich wiederhole es nochmals: Ich mache Christen für den Umstand verantwortlich, daß viele Menschen Atheisten sind.

Man vergleiche unsere Erfahrungen mit Antibiotika. Diese Wundersubstanzen können viele tödliche Krankheiten heilen. Ärzte haben jedoch häufig ihre Wirksamkeit mißbraucht, indem sie sie für jedes kleine Wehwehchen, für Husten und Schnupfen verordneten. Die Folge davon ist, daß sich resistente Bakterienstämme entwickelt haben.

Die Dosis Penicillin-G, die noch vor dreißig Jahren für die Behandlung von Gonorrhöe ausreichte, muß heute um das fünfundzwanzigfache erhöht werden, damit sie wirksam ist – und es ist noch immer zweifelhaft, ob der Erreger verschwinden wird.

Ähnlich haben wir Christen unsere Religion mißbraucht, die eine wirkliche wirksame »Medizin« ist, mit der man aber weise umgehen muß. Aus diesem Grund müssen wir Gotteskinder uns entschließen, fünfundzwanzigmal heiliger als zuvor zu sein, um den Atheisten zu überwinden.

Wir bitten aber darum, daß auch du deine Einstellung überprüfst und deine Sünde einräumst.

Der Vorsitzende Mao stellte auf einer Parteiversammlung einmal folgende Frage: »Wer ist klüger – Menschen oder Schweine?« Ohne eine Antwort abzuwarten, erwiderte er: »Die Schweine. Wenn sie an einen Zaun kommen und nicht weiterkönnen, machen sie kehrt und gehen zurück. Es gibt aber Menschen, die sich weigern, kehrtzumachen.« Mao selbst war ein solcher Mensch, wohingegen Friedrich Engels, der ein engster Mitarbeiter von Marx und Hauptpropagandist des Atheismus gewesen ist, im hohen Alter zu Gott zurückkehrte.

In seiner Abhandlung über den Theologen David Strauß schrieb er: »Das Leben muß zu dem Einen zurückgebracht werden, der am Kreuz für alle Menschen gestorben ist.«

Wir empfehlen dir, klüger zu sein als Maos Schweine. Kehre um zu Gott, welcher zweifellos existiert. So überaus komplizierte Gebilde wie die Leber, das Herz, die Schilddrüsen oder das Auge, geschweige denn die Chromosomen, können nicht von sich aus entstanden sein. Genauso verhält es sich mit dem Gehirn, das sogar dem Atheismus mit so großer Kenntnis dient.

Alle diese Organismen funktionieren gemäß den weisen Gesetzen der Mathematik, Chemie, und Physik. Kehre um zu Gott, dem Gesetzgeber.

*

An dieser Stelle möchte ich nicht bestreiten, daß viele Fragen unbeantwortet bleiben, auch wenn all die Argumente für Gottes Existenz akzeptiert werden. Wenn dem nicht so wäre, könnten die Seelen großer Gläubiger nicht von Stürmen des Zweifels heimgesucht werden, wie das manchmal vorkommt.

Laß mich dir das schlagkräftigste Argument gegen den Glauben an einen guten und allmächtigen Gott sagen. Es ist die Existenz menschlichen Leidens. Manches davon läßt sich als menschlichen Ursprungs erklären, aber wie steht es mit Erdbeben und sonstigen »Taten Gottes« genannten Katastrophen? Wie steht es mit Kindern, die mit schweren Behinderungen zur Welt kommen, die nur ein paar tragische Tage, Wochen oder Jahre zu leben haben und sonst nichts? Können wir Gott dahinter vertuschen?

Meine Antwort: Ein Mensch, dem ein Finger oder ein Bein amputiert werden mußte, kann an »Phantomschmerzen« leiden, die oft sehr stark sind. Er spürt Schmerzen in dem Glied, das nicht mehr zu seinem Körper gehört. Ein Mensch kann an einer imaginären

Krankheit sterben, was bedeutet, daß selbst die eingebildete Krankheit äußerst real ist.

Wie, wenn das ganze Leiden illusorisch, traumhaft wäre?

Viele innere Organe haben keine Nerven, um Schmerz zu übermitteln, so die Lungen, die Leber und das aus dreizehn Milliarden Zellen bestehende Aggregat namens Gehirn. Außergewöhnliche Menschen empfinden manchmal gar keine Schmerzen. Es gibt eine Art von geistlicher Anästhesie. Manche Heilige schienen keine Schmerzen zu spüren, als sie auf dem Scheiterhaufen verbrannt wurden.

Es hat auch in meinem eigenen Leben Zeiten gegeben, da ich, nachdem man mich dabei ertappt hatte, wie ich in einer kommunistischen Gefängniszelle predigte, übel verprügelt wurde und absolut nichts spürte.

Während mich die Wachsoldaten schlugen, dachte ich darüber nach, wie ich meine Predigt beenden sollte. Als man mich wieder in die Zelle zurückbrachte, fuhr ich ruhig mit meiner Ansprache fort.

Pascal löste schwierige mathematische Probleme, als er von Zahnschmerzen geplagt wurde. Die meisten Frauen stehen Geburtswehen recht gut durch. Der Schmerz ist nicht eine notwendige und objektive Tatsache des Lebens. Heute weiß man, daß das menschliche Gehirn Endorphine produziert, die wie ein Betäubungsmittel wirken.

Schmerz entspringt manchmal einer falschen Lebenseinstellung des Menschen, der, von Gott abgefallen, sich zum Richter über die Wirklichkeit aufschwingt und Ereignisse in Gut und Böse einstuft.

Wir sind nicht Richter, sondern Teil der Wirklichkeit, und das Gotteskind nimmt die ganze Wirklichkeit – Erdbeben und Zahnweh – mit Gleichmut an.

Gott ist eins, und die Wirklichkeit ist eins. Ein geheiligter Geist teilt sie nicht in angenehme und unangenehme Dinge. Im Maße, in welchem wir im Glauben Fortschritte machen, werden wir aufnahmebereiter und weniger kritisch, und wir klagen weniger.

Hast du als Kind einmal auf einem kleinen Stuhl gesessen und dabei zu der Stickereiarbeit deiner Mutter hochgesehen? Von deinem Standpunkt aus war es ein Durcheinander von bunten Zickzacklinien und ein Gewirr von Fäden, die keinen Sinn ergaben. Da drehte deine Mutter, die deine Verwirrung bemerkte, die Stickerei um und zeigte dir die rechte Seite, und du hast es verstanden.

So kann letztendlich nichts Unglückliches im Leben des Gläubigen geschehen, der weiß, daß Gott unser Leben kontrolliert. Wenn wir uns zu himmlischen Orten emporschwingen, können wir von oben heruntersehen und erkennen, daß unsere vergänglichen Leiden nur eine Ansammlung von Perlen und Juwelen sind, die unser Leben für die Ewigkeit schmücken.

Die Verhaltensmedizin (Behavioral medicine) sagt uns, daß viele Krankheiten des Körpers und ihre Begleitschmerzen von einem bestimmten Geisteszustand herrühren, von einer negativen Einstellung zur Wirklichkeit. Wir werden unruhig, und der Glaube wird infolge von soviel Leid behindert. Es ist jedoch möglich, daß die Probleme eventuell verschwinden würden, wenn man das Leiden nicht als solches ansehen würde. Es ist möglich, daß man sich über das freut, was man zuvor als Schmerz empfunden hat, wie es der heilige Paulus tat, als er geschlagen, gesteinigt und schiffbrüchig wurde.

Man sollte hier auch anmerken, daß vieles von der Frage des Leidens aus der Welt geschafft wäre, wenn diejenigen, die darüber philosophieren, statt dessen Schecks ausstellen würden, um den Leidtragenden zu helfen, und wenn diejenigen, die sich darüber beklagen, es mildern würden.

*

Diese Erklärungen mögen ja gut und recht sein, wirst du einwenden, aber es wäre besser, wenn es keinen Schmerz und keine Erklärung desselben geben würde.

Ich gebe zu, es steckt etwas Sinnwidriges in unserem Glauben an Gott, selbst nachdem ich all die Argumente, Offenbarungen und Erklärungen angeführt habe. Aber noch sinnwidriger ist es, nicht an Ihn zu glauben und statt dessen anzunehmen, daß die sowohl im Atom als auch im Kosmos zutage tretende Ordnung ohne das Dazutun eines Schöpfers entstanden sei. Es ist absurd zu glauben, daß es nichts gäbe, was religiöse Nöte stille, wenn es Nahrung gibt, um körperlichen Hunger zu stillen. Noch absurder ist es, zu glauben, daß sich alle Heiligen und die größten Wissenschaftler geirrt hätten, als sie ihr Vertrauen in Gott setzten und, in einigen Fällen, sogar um dieses Glaubens willen starben.

Leben bedeutet, Mühsal zu ertragen. Es gibt auch Mühsal im Glauben. Doch wenn man zwischen den beiden Extremen – Glaube an Gott und Glaube an den Atheismus – zu wählen hat, ist es sicher weiser, sich für das erstere zu entscheiden.

Ich wiederhole: Die Alternative zu »an Gott glauben« ist nicht »an nichts glauben«, sondern an Ungeheuer wie Stalin und Mao, an Geld, Pornographie, Drogen beziehungsweise an ein Leben ohne Inhalt oder Bedeutung zu glauben.

Wir Gläubige erkennen, daß unser »Wissen bruchstückhaft ist«, daß wir »schemenhaft durch ein Glas sehen«, in trübem Licht handeln. Aber es ist besser, ein Glas halb voll zu sehen als halb leer. Der Eine, der das Glas halb voll gefüllt hat, kann es bis zum Rand füllen, ja noch mehr, so daß »mein Kelch überläuft.«

Die Argumente, die wir für die Existenz Gottes anführen, machen lediglich den Glaubenssprung in Dingen, die wir nicht begreifen, vernünftiger.

*

Weder der Verstand des Gläubigen noch der des Ungläubigen kann alle Fragen lösen, aber wir können einige davon einklammern.

Die Vielzahl von Argumenten, die die Existenz Gottes untermauern, bestätigen ausnahmslos, daß Er ist. Für manche ist die Existenz Gottes, obgleich gut argumentiert, eine Wirklichkeit, die mit einer anderen Wirklichkeit, dem Leiden, nicht harmoniert. Wenn wir jedoch die Existenz eines weisen und liebenden Wesens, des Schöpfers des Universums, anerkennen, so hat diese Wirklichkeit mit Sicherheit Vorrang vor einem bestimmten Aspekt der Wirklichkeit, nämlich daß es auf einem kleinen Fleckchen des Universums, nämlich unserer Erde, Leiden gibt.

Da dieser Widerspruch aber existiert, entscheide ich mich dafür, ihn in meinem Verstand einzuklammern.

Nicht alles muß gelöst sein, ehe ich gläubig werde. Eine Frage einzuklammern bedeutet nicht, vor ihr davonzulaufen. Die Zeit selbst klärt oftmals Dinge, die man heute nicht versteht.

Niemand begreift den gesamten christlichen Glauben sofort. Wir kennen ihn nur bruchstückhaft, doch der Anteil, den wir kennen, wird mit der Zeit immer größer.

Ich selbst hatte große Schwierigkeiten mit dem Problem des Leidens, aber ich ließ nicht zu, daß es mich verwirrte.

Ein ängstliches Herz zu haben, ist eine Sünde. Ein gläubiger Mensch wird als solcher bezeichnet, weil er nicht alles weiß und im Glauben wandeln muß. Max Planck, der Begründer der Quantentheorie, hat gesagt: »Sowohl die Religion als auch die Naturwissenschaft benötigen den Glauben an Gott. Für die eine kommt Gott am Anfang, für die andere am Ende allen Denkens.«

*

Während ich, ungeachtet der Frage des Leidens glaubte, kam mir eines Tages folgende Erleuchtung:

Es gibt zwei Arten von Liebe: Liebe *wegen* des Guten und Schönen an einem Menschen und Liebe *trotz* all dem, was dieser Mensch tut, um uns zu verwirren und zu verletzen. Offensichtlich ist die »Liebe trotz etwas« höherstehend. Sie ist das hochkarätigste Juwel, das man im Universum findet. Gott liebt uns trotz unserer Sünden. Jesus liebte Seine Folterer ungeachtet dessen, was sie Ihm antaten.

Wir können Gott nicht nur wegen der herrlichen Dinge, die uns am Universum faszinieren, lieben, sondern auch trotz des Leidens, dem wir begegnen. Ohne Schmerz auf dieser Welt könnte es die höchste Form der Liebe nicht geben. Diese Liebe ist ihren Preis wert.

Ich habe keinen Grund, wegen des Leidens Gott zu entsagen.

Es heißt, daß der Zweck nicht die Mittel heilige. Was sonst könnte die Mittel heiligen, wenn nicht ein schöner Zweck?

Das Zutagetreten der höchsten Form der Liebe rechtfertigt das viele Leiden.

»Zohar«, ein Buch jüdischer Mystik, sagt: »Der rechte Weg, seinen Herrn zu lieben, kommt in der traditionellen Lehre zum Ausdruck, die da lautet: ›Selbst wenn er dich deines Lebens beraubt.‹ Das ist dann vollkommene Liebe ... Leiden kam, damit es diese vollkommene Liebe geben kann.«

So verstandene Schmerzen sind die auserkorene Nahrung der Heiligkeit und die Medizin gegen Sünde. Sie sind die Erhellerin stumpfsinniger Ansichten.

Ohne Gott ist das Leben ein großes Fragezeichen ohne Antwort. Ohne Gott ist das Leben wie ein vom Wind umhergetriebener Vogel oder wie ein tiefer See, der abwechselnd stürmisch und ruhig, geheimnisvoll und unergründlich ist. Ohne Gott ist das Leben wie ein Spielzeug, das einem ein wenig Freude macht, wenn man zum erstenmal damit spielt, dann aber in einer Ecke landet, wo es Staub ansammelt, verlassen, unbemerkt. Ohne Gott ist das Leben nur eine Wolke, die von einem Ende zum anderen treibt, bis sie sich auflöst und verschwindet, ohne ein Zeugnis ihrer Existenz zurückzulassen.

Nur *mit* Gott wird das Leben wirklich zum Leben.

Suche daher Gott! Der heilige Bernhard sagt: »Gott sucht man nie vergebens, auch wenn wir Ihn nicht finden.«

*

Es gibt ein Argument für den Glauben, dem wir uns nicht entziehen können.

Im Dezember 1981 fand in den USA ein Prozeß statt, in dem entschieden werden sollte, ob sowohl der Kreationismus als auch der Darwinismus an öffentlichen Schulen als wissenschaftliche Lehrmeinung gelehrt werden sollten.

Chandra Wickramasinghe, eine Astrophysikerin von der Universität Cardiff in Wales, trat als Kronzeugin gegen den Darwinismus auf. Sie erklärte, daß ihr Freund, der berühmte englische Astronom Sir Fred Hoyle, und sie selbst, beide ehemalige Atheisten, nunmehr glaubten, daß es einen lebenspendenden Gott gibt.

Sie behaupten, daß sich Seine Existenz mathematisch mit der Wahrscheinlichkeit einer eins mit 40.000 Nullen zu eins beweisen ließe.

Sie bestreiten, daß das Zusammenspiel und die Wechselwirkung von Naturgesetzen allein das Erscheinen und die Entwicklung des Universums erklären können.

Man gebe einem kleinen, unwissenden Kind die Teile einer Uhr oder einer Maschine in die Hand.

Auch in einem Zeitraum, der hundertmal so lang wäre wie die Erde alt ist, wird es nicht in der Lage sein, eine Uhr zum Gehen zu bringen. Genausowenig kann blinder Zufall die langen Aminosäureketten bilden, von denen das Leben abhängt.

Es muß ein intelligenter Plan hinter dem Leben stehen.

Natürliche Auslese kann zwar Mutationen innerhalb einer Gattung erklären, aber, so sagt Hoyle, sie kann nicht das Phänomen eines Mozart, Shakespeare, Gauß oder – wie ich hinzufügen würde – der großen religiösen Genies erklären.

Man schütte wahllos Erbsen auf den Fußboden – sie werden keine schönen Muster bilden. Man betrachte aber Vergrößerungen von Schneeflocken – sie sind unglaublich fein. Es schneit in Abermillionen dieser sechseckig geformten Flocken. Ein intelligentes Wesen hat es so eingerichtet, daß wir wunderbare Stickereien erhalten, wie keine Frau sie fertigen könnte, und es gibt keine zwei Schneeflocken mit demselben Muster.

Dieses intelligente Wesen hinter der Schneeflocke, hinter der ganzen Schöpfung nennen wir »Gott.«

Gott zu kennen muß in der Tat einfacher sein, als die Natur zu kennen, wie Papst Johannes Paul II. gesagt hat: »Obwohl der Mensch der sichtbaren Welt, der Natur angehört, unterscheidet er sich irgendwie von dieser Natur selbst ... Er unterscheidet sich mehr von der Welt der Natur, als er ihr gleicht ... Der Mensch gleicht Gott mehr als der Natur ... Der Schöpfungsbericht spricht nicht von Ähnlichkeit des Menschen mit den übrigen Geschöpfen, sondern nur mit Gott.«

*

Viele Menschen weigern sich, an Gott zu glauben, weil sie dann auch an die Bibel glauben müßten, deren Glaubwürdigkeit sie bezweifeln oder in Frage stellen.

Noch schlimmer – es würde bedeuten, an die Kirche und an die Geistlichkeit zu glauben, vor der sie keinen Respekt haben.

Wie immer die Wahrheit über die Bibel, die Kirche oder die Geistlichkeit aussehen mag, sie wäre immer noch eine geringere Wahrheit als das, was am vorrangigsten ist, nämlich die Existenz oder Nichtexistenz Gottes.

Sooft eine kleinere Wahrheit mit einer größeren vereinigt und dadurch auf dieselbe Stufe gestellt wird, stirbt die größere Wahrheit in dieser Mesalliance.

Es ist falsch, den Glauben an Gott mit dem Glauben an eine korrupte Geistlichkeit gleichzusetzen, so wie es falsch wäre, wenn man den Atheismus mit den von Kommunisten in seinen Diensten begangenen Verbrechen gleichsetzen würde. Es gibt auch anständige, friedliebende Atheisten.

Aus praktischen Gründen ist es am besten, wenn man nicht alle Konsequenzen einer Wahrheit, die man gefunden hat, erwägt.

Wir wollen bei der ursprünglichen Frage hinsichtlich der letzten Wahrheit bleiben und uns keine Sorgen darüber machen, was unter ihrer Annahme folgt.

Die Umgebung, in welcher einer lebt, mag vielleicht für den Glauben an Gott sehr undienlich sein, oder es könnte in anderen Kreisen als unschicklich gelten, nicht an Gott zu glauben. Die Umgebung sollte daher nicht zählen.

Der erste große Fortschritt der Ethik war die Bedeutung, die der Wahrheitsliebe beigemessen wurde. Wir machen in sittlicher Hinsicht nicht so sehr Fortschritte durch zunehmende Güte als vielmehr durch Verzicht auf Betrug, Schwindel und Täuschung.

In Indien ist die Gesellschaft in Kasten eingeteilt. Die höchste religiöse Unterweisung ist den Brahmanen vorbehalten.

In einer Upanischade, einer religiösen Schrift des

Hinduismus, wird die Geschichte eines jungen Mannes erzählt, der sich bei einem Brahmanen vorstellte und um Aufnahme als Schüler bat. Der Meister erkundigte sich zuerst, ob er echter brahmanischer Abstammung sei. Da gestand der junge Mann, daß er der Sohn einer Dienstmagd und sein Vater unbekannt sei. Der Meister sagte: »Nur ein Brahmane kann so aufrichtig sein«, und nahm ihn auf.

Suche die Wahrheit und nichts als die Wahrheit in dieser einen Sache: Gibt es einen Gott?

*

Aber haben wir nicht über viel wichtigere Dinge nachzudenken?

Buddha gilt als einer der größten Lehrer der Menschheit. (Ich persönlich bin nicht dieser Ansicht. Eine Erklärung von ihm, so glaube ich, disqualifiziert ihn gänzlich von dieser Auszeichnung. Hör nur: »Böse, Ananda, sind die Frauen; eifersüchtig, Ananda, sind die Frauen; mißgünstig, Ananda, sind die Frauen; dumm, Ananda, sind die Frauen.« Dies hält Frauen jedoch nicht davon ab, sich vor einer Buddhastatue zu verbeugen. Manche Frauen verbringen sogar ihr ganzes Leben entsagungsvoll in einem buddhistischen Kloster).

Er lehrte, daß der Geist sich nur mit dem beschäftigen solle, was unmittelbaren, praktischen Nutzen für das Heil hat. Nach seinen Aussagen ist es falsch, Wissen über die Welt, die Natur oder die Lehren der Meister anzustreben.

Als ein Schüler fragte, warum er zu vielen Dingen schweige, antwortete er mit einem Gleichnis: »Ein Mann, der von einem giftigen Pfeil durchbohrt wird, versucht nicht, ehe er sich um seine Verletzung kümmert, herauszufinden, ob derjenige, der ihn verletzt hat, ein Brahmane, ein Vaicsaya oder ein Csudra war.

Er versucht auch nicht seinen Namen oder den Namen seiner Familie herauszubekommen. Er kümmert sich nicht darum, ob der Mann groß oder klein oder mittelgroß war, oder wie sein Pfeil ausgesehen hat. Wenn er es täte, würde er an seiner Verletzung sterben. Er kann nur dann gerettet werden, wenn er sich dem Arzt anvertraut, den seine Eltern und Freunde herbeirufen.«

Der Trugschluß dieser Denkweise ist offensichtlich. Das Gleichnis enthält viele Aspekte, die einer Überprüfung nicht standhalten würden.

Zunächst ist eine Giftpfeil-Verletzung selten. Doch über den momentanen Einzelheiten stehen andere Erwägungen. Der scheinbare Mörder und der Verletzte wurden beide als Kinder umsorgt. Sie hatten zu essen, ein Bett zum Schlafen, etwas zum Anziehen und konnten heranwachsen. Sie fertigten Geräte für die Arbeit sowie Waffen, wie beispielsweise Pfeil und Bogen. Sie mußten sich entscheiden, entweder zu töten oder sich passiv zu verhalten, wobei die Möglichkeit bestand, daß man getötet wurde. Der Arzt mußte studieren, und die Eltern mußten lieben, um bei dem tragischen Vorfall zu helfen. Alle diese Aspekte sind bei der Betrachtung der Geschichte relevant.

Um das Leben gut zu verstehen, können wir nicht auf die folgenden philosophischen Fragen verzichten: Was ist Leben? Wie entsteht es? Was ist sein Sinn? Hat es einen Urheber? Wenn ja, wie war sein Plan, als er es schuf? Und so weiter.

So kann der menschliche Verstand zu einem Wissen über Gott kommen. Und wenn wir Ihn einmal kennen, ist alles von Ihm Ferne für uns Schmerz. Eine Pfeilverletzung verliert an Bedeutung.

In der Bibel wird Gott mit einem brennenden Feuer verglichen. Feuer verändert, was immer mit ihm in Berührung kommt. In ähnlicher Weise verändert das In-Beziehung-zu-Gott-Treten einen Menschen merklich.

Ein Friede, der alles Verstehen und Mißverstehen

übersteigt, umfängt das Herz. Was kann uns bekümmern? Warum sollen wir uns von Dingen aus der Ruhe bringen lassen, die nicht den großen Gott betreffen, der unsere Seele entflammt?

Gott ist Liebe. Du und ich sind Seine Liebe, Seine Gattinnen. Wir sind Seine Gattinnen in einer orientalischen, polygamen Ehe. Er liebt mich, und Er liebt viele andere innig; und ich liebe diese anderen wegen der großen Freude, die sie dem Einen machen, welcher der Mittelpunkt meines Lebens ist.

*

Das Ziel christlicher Verkündigung oder Schriften besteht nicht darin, objektiv intellektuelle Ideen zum Ausdruck zu bringen und diese zu beweisen. In dieser Hinsicht sind die Predigten des heiligen Paulus, des heiligen Stephanus, des Mose und anderer sowie die biblischen Schriften von begrenztem Wert.

Die Heiligen alter Zeit sprachen nicht, um den Verstand zu überzeugen, sondern um Gefühle und Leidenschaften zu entfachen.

Was das Heil anbelangt, so wollen wir, daß die Menschen nicht nur Kenntnis von dem Weg haben, sondern daß sie ihn beschreiten. Wenn wir lediglich Wissen vermitteln, sollten wir uns bewußt sein, daß dieses nur aufbläht.

Alle vom menschlichen Verstand ersonnenen Vorstellungen von der Gottheit sind unvollkommen. Wer Gott ist, läßt sich nicht wirklich in Worte fassen. Sein Wissen kann nicht in menschlichen Worten übermittelt werden. Jeder schwache Versuch kann nur eine Aufforderung an die Menschen sein, Gott selbst zu erfahren.

Durch Worte kann ein Selbst veranlaßt werden, Wissen zu erfassen. Jesus sagt aber, daß, wer immer Ihm nachfolgt, sein Selbst verleugnen soll.

Wahres Wissen über Gott ist nur denen beschieden,

die bereits »an himmlischen Orten weilen.« Solche Menschen sehen keine Wahrheit, weil die Wirklichkeit in diesem Bereich nicht mehr zwischen dem Beobachter und der beobachteten Wahrheit gespalten ist. Die mystische Hochzeit hat stattgefunden. Der Einzelne ist mit Gott eins geworden. »Sie in mir, und ich in ihnen«, so hat Jesus gesagt.

Wahre Prediger erklären die Wahrheit nicht vor einer Versammlung von Selbsten, die voneinander und von Gott getrennt sind. Solche Menschen können nur das ABC des Glaubens, geistliche Milch verwerten. Wahre Prediger sind Menschen, die ihr Ich verleugnet haben und durch ihr Beispiel zeigen, was es heißt, in Harmonie mit Gott vereint zu sein.

Für die nicht wiedergeborene Seele wird Gott immer unfaßbar und undenkbar bleiben. Er läßt sich nicht diskutieren.

Wenn jemand viel nach Gott fragt und ein anderer ihm viel antwortet, ist es möglich, daß keiner von beiden viel von Gott weiß.

Wahrheit kann man nicht haben, sehen oder wissen. Sie kann nur *sein*. Sie muß gelebt werden.

In Huinengs Tan-tsching steht geschrieben:

»Nirgends ist etwas Wahres,
das Wahre ist nirgends sichtbar.
Wenn du sagst, du siehst das Wahre,
so ist dieses Sehen nicht das Wahre.«

Die Wahrheit ist, daß es eine Wirklichkeit gibt, die entstellt wird, sobald sie in den Sehenden und das Gesehene aufgeteilt wird. Sie kann nur unter dem Ausspruch Jesu zusammengefaßt werden: »Ich *bin* die Wahrheit.« Wahrheit muß das Ganze umfassen. Die Wahrheit plus meinen Verstand kann es nicht geben. Mein Verstand ist Teil des Ganzen, das die Wahrheit umfängt.

Jegliches Diskutieren, so viele Teilnehmer es auch sein mögen, ist gegen die Absicht der Wahrheit gerichtet, weil die Wahrheit stets alle diskutierenden Parteien umfaßt.

Jesus hat gesagt: »Ich bin die Wahrheit.« Wir haben dies entstellt, indem wir sagen: »*Er* ist die Wahrheit.« Jesus hat aber nicht »er« gesagt, sondern: »*Ich* bin die Wahrheit.« Jesus ist nur dann die Wahrheit, wenn Er in mir als mein »Ich« leben kann, anstatt eines äußerlichen Wesens, um das ich nur weiß.

Dies ist das Geheimnis, welches sich hinter dem biblischen Ausdruck »Ani-Hu« – Ich bin Er – verbirgt. Im hebräischen Text von Jesaja 48:12 steht geschrieben: »Ani hu harishon, af ani ha-acharon« (Ein Ich, das Ich-Er ist, ist das erste, und ein Ich, das nur Ich ist, ist das letzte). Das steht auch in Jesaja 44:6.

Die Religion muß alles bestreiten, was nicht Gott ist, damit Er alles sein kann. So oft sind Lobpreisungen Gottes Schlummerliedchen. Das sollte nicht so sein. Unser ganzes Leben sollte eine wirkliche Lobpreisung Gottes sein, der unser alles in allem ist.

Die Wahrheit ist ewig rein. Das steht außer Frage. Suche die höchste Frucht: die Wahrheit sein! Sonst wird dein Leben nur eine Anhäufung von Blättern und Zweigen.

*

Wer Gott kennt, will nichts, außer was Gott ihm auf den Tisch stellt. Der Rechtschaffene hat keinen eigenen Willen, weil er sich dem Willen des Einen beugt, den er liebt.

Wenn sein Widersacher siegt, will er diesen Triumph seines Widersachers. Pascal hat geschrieben: »Derselbe Beweger, der unser Handeln bestimmt, bestimmt, daß jemand sich uns widersetzt. Da nicht unser Geist gegen die fremden Mächte kämpft, sondern der gleiche Geist das Gute tut und das Böse zuläßt, kann unser Seelenfrieden nicht gestört werden.«

Wahrheit steht über und jenseits des Schlachtfeldes. Auch mein Widersacher ist von Gott gesandt. Daher brauche ich meine Temperatur nicht steigen zu lassen, nicht einmal wegen falscher Lehren, die sich in die Kirche einschleichen. »Denn es müssen ja wohl Spaltungen unter euch sein«, schrieb der heilige Paulus (1. Korinther 1:19). Das ist ebenfalls Gottes Wille. Spaltungen können einem guten Zweck dienen. Auf lange Sicht offenbaren sie, wer von Gott gutgeheißen wird.

Die Menschen beten in der Regel, daß Gott auf ihrer Seite sein möge. Das ist falsch. Unser Gebet zu Ihm sollte immer sein: »Dein Wille geschehe.«

Während des amerikanischen Bürgerkrieges sagte einer von Präsident Lincolns Männern zu diesem: »Ich hoffe, daß Gott auf unserer Seite ist.« Lincoln entgegnete darauf, daß das nicht seine Sorge sei. »Ich bin stets besorgt«, sagte er, »nicht daß Gott auf meiner Seite sei, sondern ich auf Gottes Seite.«

*

Wer zu allen Leuten gut ist, außer zu seinen Eltern, ist nicht moralisch, ebensowenig wer in Gesellschaft nett ist, aber ungezogen zu Gott.

Ein Mädchen dankte einmal seiner Mutter für das Essen. Die Mutter sagte: »Ich habe es nur gekocht. Das Fleisch habe ich beim Metzger und das Brot beim Bäcker gekauft. Danke auch ihnen!« Das Mädchen dankte also dem Bäcker, der jedoch sagte: »Ich habe das Brot nur gebacken, das Mehl aber habe ich vom Müller. Danke ihm!« Der Müller sagte: »Ich mahle nur das Korn, das ich vom Bauer bekommen habe. Danke ihm!« Der Bauer sagte: »Ich habe zwar gearbeitet, aber ich verdanke alles dem Regen und dem Sonnenschein.«

Schließlich fragte das Mädchen: »Wem muß ich dann danken?« Der Bauer lud es zu sich zum Essen ein und dankte vor dem Essen Gott. Da verstand das Mädchen.

Anerkenne Gott als deinen Vater! Wenn du das für schwierig hältst, dann nenne Ihn Vater, bis Er für dich ein Vater wird.

Vor vielen Jahren trat ein blasses, mageres und arm gekleidetes Mädchen in mein Büro.

»Sind Sie Pfarrer Wurmbrand?«

»Ja.«

»Ich komme aus dem Krankenhaus. Christen, die mich dort besuchten, haben mir von Ihnen erzählt. Ich habe niemand, zu dem ich gehen könnte. Mein Vater ist gestorben. Meine Mutter ist Alkoholikerin und bringt Männer mit nach Hause, die mich schlagen. Deshalb werden Sie mein Vater sein.«

Ich hatte keine Wahl: Ich wurde ihr Vater.

Verfahre auf die gleiche Weise mit Gott!

Und wenn du Ihn zum Vater hast, dann sei zuversichtlich. Die Zulus nennen Gott »Unkulukulu«, den Größeren als der Größte. Du kannst dich auf Ihn verlassen.

Heute ist es eine simple wissenschaftliche Tatsache, daß Leben in mehr als drei Dimensionen existiert. In Gott wirst du eine neue Dimension entdecken, die dir bislang unbekannt war. Er wird dich mit Freude erfüllen.

Bal-Schem, der Begründer der religiösen jüdischen Bewegung des »Hassidismus«, hatte einmal das Gefühl, er habe das ewige Leben verloren. Da begann er freudig zu tanzen. »Wozu brauche ich ewiges Leben, wenn ich Gott habe?«

Wer Gott hat, braucht sonst nichts mehr.

*

Im Talmud wird von einem König berichtet, der einen Rabbi bat, er möge ihm Gott zeigen, damit er an

Ihn glauben könne. Der Rabbi versprach, des Königs Wunsch zu erfüllen.

»Betrachtet zunächst einmal die Sonne!« sagte er. Wegen der Helligkeit der Sonne gelang dies dem König nicht; er wäre sonst erblindet. »Nun«, meinte da der Rabbi, »wenn Ihr die Sonne nicht betrachten könnt, eine von Seinen kleinen Schöpfungen, wie könntet Ihr es dann ertragen, Gott zu sehen?«

In Rumänien wurde ein christlicher Bauer wegen seines Glaubens vor Gericht gestellt. Der Richter sagt zu ihm: »Ich werde dich auf freien Fuß setzen, wenn du mir sagen kannst, wer vor Gott da war.«

Der Bauer antwortete: »Können Sie mir sagen, welche Zahl vor eins kommt?«

»Eins ist die erste Zahl. Davor kommt nichts.«

»Genauso gibt es nichts vor Gott.«

*

Ich weiß, daß alles, was ich bisher geschrieben habe, nicht unanfechtbar ist. Es mögen sich logische und sachliche Fehler in meinen Ausführungen finden lassen.

Eine Anekdote kommt mir in den Sinn. Ein Doktor der Linguistik fiel in einen Brunnen. Ein Mann hörte ihn um Hilfe rufen und fragte, indem er sich über den Brunnenrand beugte, was passiert sei. Nachdem er die Situation erfaßt hatte, sagte er: »Ich bringe sogleich eine Leiter und ein Seil.«

Da protestierte der Professor: »›Bringen‹ ist doch Gegenwart. Sie müssen die Zukunft, ›ich werde bringen‹, verwenden, nicht ›ich bringe‹.«

Darauf entgegnete der Mann: »Ich merke, daß sie noch Zeit zum Scherzen haben. Sie haben noch Zeit für Grammatik. Folglich sind Sie auch nicht in Gefahr.« Er ging seines Weges, und der Professor kam im Brunnen ums Leben.

Es ist nicht deine Aufgabe, Fehler in meinem Buch zu finden, sondern meine Botschaft anzunehmen und die größte Freude zu erfahren: Gott.

Da Gott die erste Ursache von allem ist, muß Er alle Vollkommenheit umfassen. Keine Wirkung kann größer sein als deren Ursache. Deshalb muß Gott über vollkommenes Wissen, Liebe, Freiheit, Wille, Persönlichkeit, Allgegenwart, Allwissenheit und Allmacht verfügen.

Alle diese Eigenschaften stellt Er dir zu Diensten.

*

Mach dir keine Sorgen, daß du mit all deiner Unzulänglichkeit und Schwäche zu Ihm kommst.

Als Paganini, der berühmte Geigenvirtuose, einmal ein Konzert gab, riß die A-Saite seiner Geige. Kurz darauf riß die D-Saite und schließlich die G-Saite.

Genial, wie er war, spielte er nur auf der E-Saite weiter, die aus Silber war und nicht reißen konnte. »Nur eine Saite ist übriggeblieben«, rief er. »Eine Saite plus ein Paganini.« Dieses Konzert ging in die Geschichte ein.

An unserer Harfe mögen viele Saiten gerissen sein. Spiele das Lied des Glaubens auf den Saiten, die übriggeblieben sind! Und wenn nicht einmal eine einzige Saite mehr da ist, dann trommle zum Zeichen deiner Liebe zu Ihm auf das Holz der Harfe!

*

Die Entfernung zwischen Gott und uns, dem Wissenden und den Gekannten, dem Sehenden und den Gesehenen, muß überbrückt werden, damit die Einheit mit Ihm hergestellt werden kann. Wir sollten uns der Tatsache bewußt sein, daß wir nicht außerhalb von Gott sein müssen. »Er ist nicht ferne von einem jeglichen unter uns. Denn in ihm leben, weben und sind wir« (Apostelgeschichte 17:27,28).

Gott ist das Prinzip der Liebe, dem alle Geschöpfe entspringen, in dem sie leben und zu dem sie zurückkehren, wenn sie sterben. Ihn müssen wir kennen.

Die Upanischaden lehren richtig, daß wir, da wir alle denselben Ursprung haben, im Grunde ein Herz und eine Seele sind. Die Seele der Schöpfung ist eine. Die ersten Jünger Jesu erkannten dies: »Sie waren ein Herz und eine Seele« (Apostelgeschichte 4:32).

Die Meinungsverschiedenheiten, die sich bald in der Urkirche einstellten, zeigten, daß das Einssein der Seele nur die halbe Wahrheit ist. Es gibt gleichzeitig Einheit und Pluralität, so wie es nur einen Mond, aber viele Widerspiegelungen von ihm im Wasser gibt.

Brennendes Feuer sprüht viele Funken. Obwohl sie eines Wesens sind, ist jeder verschieden und hat eine andere Flugbahn.

»Wer sich selbst in allen Geschöpfen sieht und alle Geschöpfe in sich selbst, wird eins mit dem höchsten Brahman. Das höchste Brahman, die Seele von allem, das Prinzip des Universums, das ewige Wesen, das bist du, das bist du ... ›tat tvam asi‹ in Sanskrit« (Upanischaden).

Eine entführte Person, der man die Augen verbinden und die man in einem fremden Land wieder freilassen würde, würde es sich als erstes zur Aufgabe machen, nach einer Möglichkeit zu suchen, wie sie in ihr Vaterland zurückkehren könnte. So muß unser Suchen nach Gott sein.

Wenn wir Ihn finden, gebührt die Ehre Ihm allein. Alles ist Sein Werk.

Adam und Eva wollten kraft eines Willensaktes wie Gott werden. Dafür verloren sie das Paradies.

Jesus wählte Männer zu Seinen Aposteln, die weder lesen noch schreiben konnten, die arm waren, einer niedrigen Gesellschaftsschicht angehörten und nicht einflußreich waren. Zu ihnen gehörten Feiglinge, Streber, Streitsüchtige, Zweifler, ein Schwindler und ein Kanaaniter. Keiner von diesen verstand Ihn. Zu Seinem Schatzmeister wählte Er einen Dieb. Eine solche Ansammlung konnte keinesfalls Erfolg haben. Letztlich hatte sie aber doch Erfolg, und weil sie »Niemande« waren, ward die Ehre Gott zuteil und nicht ihnen.

Begebe dich in Seine Hände, und du wirst Sein sein.

Freier Wille in diesem Bereich ist eine Illusion. Da wir aber in einer illusorischen Welt leben, haben wir den freien Willen zu gebrauchen.

Der Talmud berichtet von einem Prinzen, der in einem fernen Land vom rechten Weg abgekommen war. Der König ließ ihn zurückrufen. Er antwortete: »Ich bin zu weit weg. Ich kann nicht in mein Heimatland kommen.« Da übermittelte ihm der König folgende Worte: »Du kehrst so weit zurück, wie du kannst. Den Rest des Weges gehe ich, um dich abzuholen.«

*

Als ich in einem kommunistischen Gefängnis saß, starb ein sehr junger Christ mit Namen Gafencu in meiner Zelle nach langem und schwerem Leiden. Mit achtzehn Jahren war er ins Gefängnis gesteckt worden, noch ehe er die Freuden des Lebens gekostet hatte.

Kurz vor seinem Tod bat er, man möge ihn waschen und rasieren, und er sagte: »Nur ein einziger Schritt, und ich werde bei vielen schönen Mädchen im Himmel sein.«

Ist das nicht primitives Denken? Die amerikanischen Indianer glaubten, daß sie nach dem Tod in die ewigen Jagdgründe eingehen würden. Die alten Teutonen glaubten an die Walhalla, ein wunderbares Schlachtfeld. Unterschied sich Gafencu in seiner naiven Erwartungshaltung in irgendeiner Weise von ihnen?

Angenommen, es gibt ein ewiges Leben, ist es dann mit dem Leben hier auf Erden vergleichbar? Wie werden wir nach der Auferstehung sein?

Die Auferstandenen werden nicht einer anderen Ordnung angehören als diejenigen, die zu Grab gebracht wurden, und doch sind sie nicht dieselben. Ich bin nicht mehr der Embryo, der ich einmal war, aber ich bin auch nicht ein anderes Geschöpf. In jedem Augenblick, den ich lebe, bin ich zwar nicht ein anderer, aber ich bin auch nicht mehr derselbe, der ich noch vor einer Minute war.

Der heilige Paulus versichert uns: »Dann werde ich erkennen, gleichwie ich erkannt bin«, obwohl »dies Verwesliche die Unverweslichkeit anziehen muß, und dies Sterbliche die Unsterblichkeit anziehen muß« (1. Korinther 13:12 und 15:53).

Wir können die Sache getrost in Gottes Hand lassen. Was immer Er geplant hat, wird so herrlich sein, daß es alles in den Schatten stellt, was sich unser schwacher Verstand vorstellen kann.

»Was kein Auge gesehen hat und kein Ohr gehört hat und in keines Menschen Herz gekommen ist, was Gott bereitet hat denen, die ihn lieben« (1. Korinther 2:9). Am besten, Gott selbst wird dasein.

*

Der indische Philosoph Ramakrischna hat einmal vor langer Zeit gesagt: »Suchst du Gott? Dann suche Ihn im Menschen. Gott zeigt sich im Menschen mehr als in jedem anderen Objekt. Zwar ist Gott in allen Dingen, aber Er zeigt Seine Stärke in diesen manchmal mehr und manchmal weniger. Gott verkörpert im Menschen ist Gottes stärkster Ausdruck im Fleisch. Der Mensch ist die größte Offenbarung Gottes.«

Man kann Gottes Ebenbild nicht nur bei Heiligen sehen, sondern auch bei Heuchlern und Verbrechern, weil der Verbrecher von heute den Heiligen von morgen in sich bergen kann. In gewissem Sinne kann man Gott in jedem Menschen sehen.

Jesus aber ist der vollkommene Mensch geworden. In Ihm kann man Gott am besten erkennen.

Selbst Zweifler räumen ein, daß Jesus ein guter Mensch war. Wir glauben, daß Er Gott ist. Man beachte das folgende Argument Savonarolas:

»Entweder ist der gekreuzigte Jesus von Nazareth, den die Christen anbeten, der wahre Gott und die erste universale Ursache, oder Er ist nicht der wahre Gott. Wenn wir uns der ersten Hypothese anschließen, hat alles Diskutieren ein Ende, weil dann die christliche Lehre und der christliche Glaube wahr sind. Wenn wir dagegen an der zweiten Hypothese festhalten, so folgt daraus, daß Jesus von Nazareth ein überaus hochmütiger und verbrecherischer Mensch war, da Er als Mensch und Sterblicher für Gott gehalten und von allen als solcher verehrt werden wollte. Folglich war er ein Lügner, oder, so müßte man folgern, Er muß ein Narr gewesen sein, um ein derartiges und derartig großes Unterfangen zu wagen. Denn was hätte verrückter, der Vernunft widersprechender und lächerlicher sein können als der Versuch eines Menschen, der sich erdreistet, sich zur göttlichen Majestät zu ehren, mit keiner anderen Hilfe als Verworfenheit und Elend, keiner anderen Waffe als eine ungebildete Sprache, keiner anderen Hoffnung als ein unehrenhafter Tod?

Was für eine Idee! – Gott Seiner Anbeter berauben und eine neue Form des Glaubens unter den Menschen errichten zu wollen, den mächtigen, den weisen wie auch den einfachen und unwissenden. – Alle anderen Religionen annullieren zu wollen, um der Welt einen neuen Lauf zu geben; alles zu verändern und zu veranlassen, daß Er von einer unterjochten Menschheit als Gott angebetet wird. – Dies nicht nur während Seines Erdendaseins zu wollen, sondern daß es darüber hinaus nach Seinem Tod – nach einem schändlichen Tod – so weiterpraktiziert wird. – Sich selbst Anbetung und Liebe zu versprechen, vom Menschen zum Zeugnis die unbesiegbarste Zuneigung zu fordern, eine Liebe gar bis in den Tod, und, falls erforderlich, in einen Tod unter den furchtbarsten Qualen. Was für eine Idee, wenn so einer nicht Gott wäre!

Wer immer du sein magst, ich stelle dir diese Frage. Wenn ein Sterblicher alles zu tun verspräche, wenn er eine solche Idee ersonnen hätte und bei dir anfinge, was würdest du sagen? Würdest du nicht vermuten, daß eine solche Person verrückt ist? Würdest du nicht einfach über solche Dummheiten lachen? Wenn daher Jesus von Nazareth nicht Gott ist, wie kommt es dann, daß sich dieser ›gotteslästerliche Verführer‹ ohne jegliche Hilfe, gegen die Gesetze seines Landes, gegen Prinzen, gegen weise Männer, gegen das ganze sich Ihm widersetzende Universum, gegen die Mächte des Himmels und der Hölle, kurzum gegen Gott selbst durchgesetzt hat, so weit sogar, daß Er sich mit Gott gleichstellte, daß Er nur der Gottheit zustehende Ehren empfing und mit unendlichem Erfolg, trotz der jahrhundertealten Schwierigkeiten und Widersprüche, alle Prophetien erfüllte?«

Unter den Bedingungen von Armut und Unterdrükkung lebte Er ein Leben vollkommener Güte und Liebe. Er ging von Ort zu Ort und wirkte große Wunder.

Böse Menschen mochten Ihn nicht, und sie kreuzigten Ihn im Alter von 33 Jahren auf einem Berg unmittelbar außerhalb von Jerusalem, Golgatha genannt, was auf aramäisch »Schädelstätte« bedeutet.

Daraus folgern wir, daß der Schädel nicht der richtige Ort für die letzte Wahrheit ist. Der beste Ort ist ein liebendes Herz. Hier allein möchte Gott Seinen

Thron errichten. Dann »ist das Königreich Gottes in dir«.

Analysiere nicht nur Jesu Leben. Analyse führt zu Paralyse. Erhöhe Ihn vielmehr in deinem Herzen und vertraue dich Ihm an. Er, der Er gestorben, am dritten Tag von den Toten auferstanden und leiblich in den Himmel aufgefahren ist, ist selbst jetzt auf Erden geistlich gegenwärtig. Du kannst Seine Wohnung werden.

*

Ich habe nicht den Versuch unternommen, die Einzelheiten Seines Lebens niederzuschreiben, weil die Evangelien die beste Informationsquelle sind; von ihnen hat Albert Einstein einmal gesagt: »Niemand kann die Evangelien lesen, ohne die tatsächliche Gegenwart Jesu zu spüren. Seine Persönlichkeit pulsiert in jedem Wort.

Ich bin Jude, aber ich bin von der leuchtenden Gestalt des Nazareners erfaßt ... Jesus ist zu kolossal für die Feder der Phrasenhändler, so kunstvoll sie auch sein mögen.«

Lies die Evangelien, aber glaube nicht, daß du Sein Leben kennst, wenn du sie gelesen hast.

Meine sechsjährige Enkelin kam eines Tages mit der folgenden Bitte zu mir: »Sag mir alles über Jesus!« Nach einem Augenblick des Nachdenkens fügte sie hinzu: »Aber das kannst du ja nicht. Du weißt nicht alles. Nicht einmal Gott weiß alles. Das Leben von Jesus ist noch nicht zu Ende.«

Über Seine ersten dreißig Jahre wissen wir so gut wie gar nichts, über das, was folgte, nur ein paar Episoden. Diese mögen genügen. Das wenige, was wir wissen, genügt, um anzuerkennen, daß Er in der Tat der Sohn Gottes, unser Erlöser und bester Freund ist.

Ohne mehr zu wissen, nehmen wir Ihn an. Die Ewigkeit genügt, um ihn näher kennenzulernen.

Erwarte nicht, Ihn gänzlich zu kennen, ehe du dich in Ihn verliebst. Aber laß mich ein paar Dinge über Jesus sagen.

*

Edward Burne-Jones, einer der bekanntesten Künstler Englands, ging eines Tages zu seiner Tochter zum Teetrinken. Seine kleine Enkelin Angela durfte mit am Teetisch sitzen, aber sie war unartig, und ihre Mutter hieß sie mit dem Gesicht zur Wand in der Ecke stehen. Da weinte Angela sehr.

Am darauffolgenden Tag malte der Künstler ein schönes Wandgemälde in eben jene Ecke, für den Fall, daß sein Enkelkind wieder einmal bestraft werden sollte.

So verfährt Gott mit uns. Er kann uns nicht belehren, ohne hin und wieder eine Strafe aufzuerlegen, aber Er hat uns ein schönes Gemälde gegeben, das wir betrachten können, wenn wir gezüchtigt werden. Wir können über Episoden aus dem Leben Jesu meditieren. Dann vergessen wir ein bißchen unser eigenes Leid.

*

Jesus hat die Wahrheit sowohl gelehrt als auch gelebt. Mehr noch, Er *war* die Wahrheit, ihre Verkörperung. Aber Er war *nicht nur* Wahrheit.

Er sagte von sich: »Ich bin die Wahrheit und das Leben.« Die Wahrheit mag Herr sein, aber Jesus ist der Herr der Herren. Wenn wir uns nur vor der Wahrheit verbeugen, könnten wir zu den Grenzen atomarer Wissenschaft gelangen, die Mittel zur Vernichtung der Menschheit geben kann.

Auch im Alltag sollten wir nicht den Extremen der Wahrheit nachgehen. Ein Gespür für Ausgewogenheit ist wichtig. Noch wichtiger aber ist es, sich auf die Quelle der Wahrheit zu konzentrieren und Ihn anzunehmen.

Jesus ist der einzige Lehrer der Wahrheit, der das genaue Maß deiner täglichen Bedürfnisse kennt.

In der Bibel steht eine sehr üble Geschichte über Ruben, der mit der Nebenfrau seines Vaters im Bett lag. Im hebräischen Text wird diese Schilderung in der Mitte unterbrochen. Weitaus Schlimmeres mag noch passiert sein, doch der von Gott inspirierte Autor fühlte sich nicht verpflichtet, die ganze Wahrheit zu sagen.

In der hebräischen Gesetzesrolle ist mitten in der Geschichte ein weißer Fleck, der besagen soll, daß es nicht notwendig ist, über alles Böse zu berichten, was ein Mensch getan hat. Es ist weise, nur das Minimum des Bösen zu sagen, nur das, was unbedingt notwendig ist, weniger als die ganze Wahrheit.

In diesem Sinne ist Jesus nicht nur die Wahrheit, sondern auch das Leben. Er verkörpert nicht nur abstrakte, unpersönliche Prinzipien. Er ist human. Manchmal läßt die Liebe untertreiben, ein anderes Mal erklärt Er dagegen etwas zur vollendeten Tatsache, was noch gar nicht eingetreten ist.

Im Gleichnis von den bösen Weingärtnern vergleicht Er die bedeutendsten Priester mit Menschen, die so böse waren, daß sie sagten: »Das ist der Erbe, der Messias; kommt, laßt uns ihn töten« (Matthäus 21:38).

Das hatten sie damals nicht gesagt. Dieser Höhepunkt der Schlechtigkeit war in den Schlupfwinkeln ihrer Herzen so verborgen, daß selbst ihr Bewußtsein keinen Zugang dazu hatte.

Aber Jesus dringt in Tiefen ein, deren der Mensch nicht bewußt ist, in den inneren Kern ihrer Persönlichkeit, der die Triebfeder der Handlungsweise enthält.

Wahrheit allein ist unzureichend, neigt zur Oberflächlichkeit. Daher ist Jesus sowohl Wahrheit als auch Leben.

*

Ein Vater und sein Sohn gingen einmal im Frühling, als sich die Schönheit der Natur in ihrer ganzen Pracht zeigte, im Garten spazieren.

»Was ist Schwerkraft, Vater?« fragte das Kind.

Der Vater antwortete: »Das ist ein Naturgesetz, aufgrund dessen alles zur Erde gezogen wird.«

Das Kind fuhr beharrlich fort: »Wie kommt es dann, daß die Tulpen nach oben wachsen?«

Da sagte der Vater: »Das kommt daher, daß in ihnen ein anderes Gesetz am Werke ist, das Gesetz des Lebens, welches stärker ist als das Gesetz der Schwerkraft. Das Gesetz des Lebens hat die Tulpen von der Schwerkraft befreit, solange sie leben. Wenn man ihr Leben zerstört, sinken sie sogleich zu Boden.«

Jesus verkörpert das Gesetz des Lebens, das uns von unserem Hang befreit, in die Tiefen von Sünde und Verzweiflung abzugleiten.

*

Die Legende sagt, daß Baruch, der der Gehilfe des Propheten Jeremia im Gefängis gewesen war, sich im Alter von zwölf Jahren Jesus gezeigt und zu Ihm gesagt habe: »Alle Propheten vor dir haben sich verführen lassen. Paß auf, daß du nicht verdorben wirst!«

Es war nicht nötig, Jesus zu warnen. Wie wir konnte Er zwar in Versuchung geführt werden, aber Er sündigte nicht, weil Er nicht den Hang zum Sündigen hatte, die Neigung, selbstsüchtigen Wünschen zu frönen. Er verspürte nicht den Drang, für sich selbst zu leben und um jeden Preis Vergnügen zu haben. Für Ihn waren alle Versuchungen lediglich äußerlich.

Deshalb bietet Er sich als die reinste Wahrheit und das schönste Leben an. Über Ihm gibt es nichts. Ohne Ihn sind wir nichts.

*

Da Jesus der Herr aller und der Richter über die ganze Erde ist, kennt Er die Herzenswünsche und kann Vorsätze sowie Handlungen abwägen. Er weiß, »aus welchem Holz wir geschnitzt sind«, Er kennt unser Erbgut, unsere Erziehung, unsere genetischen Veranlagungen, unser Verlangen, besser zu sein, als wir es jetzt sind. Er kann das Schwache wie auch das Starke annehmen, das Glas mit kaltem Wasser wie auch die große Tat.

Er kam, wie Er selbst versicherte, nicht zu richten, sondern zu heilen; nicht zu verurteilen, sondern Leben zu spenden.

Sein Wunsch an uns ist, daß wir andere so behandeln, wie Er es in der Goldenen Regel zum Ausdruck gebracht hat: anderen zu tun, wie wir wünschen, daß sie uns tun, auch wenn es unsere armseligen Kräfte übersteigt.

Friedrich Christoph Oetinger hat es so treffend gesagt: »Gott gebe mir die Gelassenheit, Dinge hinzunehmen, die ich nicht ändern kann; den Mut, Dinge zu ändern, die ich ändern kann; und die Weisheit, das eine vom andern zu unterscheiden.«

*

Jesus verbrüderte sich mit Zöllnern, beziehungsweise Steuereinnehmern, wie wir es nennen würden.

Für sie war es gang und gäbe, daß sie die ihnen anvertraute Macht mißbrauchten. Sie waren in der Regel an Grenzen, Stadttoren, Flußläufen oder Häfen postiert, um den Zoll für die Waren einzutreiben, die ins Land gebracht wurden. Sie waren wegen ihrer Grobheit, Arglist, Aufdringlichkeit und Härte verachtet.

Die jüdischen Zöllner waren ihren Landsleuten auch verhaßt, weil sie als Verräter an der Nation und an Gott angesehen wurden. Sie wurden beschuldigt, mit den Römern, ihren Unterdrückern und natürlichen Feinden, um schmutziger Gewinnsucht willen gemeinsame Sache zu machen. Der Umstand, daß sie Abgaben für eine heidnische Staatskasse einzogen, war ständig Anlaß, das Gottesvolk an seine Unterwürfigkeit gegenüber einem fremden Joch zu erinnern.

Gemäß jüdischem Gesetz durften aus der Geldtruhe dieser Zöllner keine Almosen angenommen werden. Es war nicht einmal recht, dort Geld zu wechseln. Ihr Zeugnis bei Gericht war nicht zulässig. Zwischen den Juden, die sie als Sünder abstempelten, hatten die Zöllner nur einen einzigen Freund: Jesus.

Wer immer du sein magst und was immer du getan haben magst, Jesus ist bereit, sich auch mit dir zu verbrüdern.

*

Erwähnenswert ist in diesem Zusammenhang, daß die Leute, als sie jemanden wählten, um bei Jesus Fürsprache einzulegen, Seine Feinde gebrauchten (Lukas 7:2,3), weil sie wußten, daß Er sie nicht zurückweisen würde.

Einmal wurden die jüdischen Ältesten von einem römischen Hauptmann geschickt, um für die Heilung eines Knechtes einzutreten. Ihr Argument war, daß er den Juden eine Synagoge gebaut habe, eine Institution, von der Jesus ausgeschlossen war.

Doch das Argument war ausschlaggebend, Jesus kam der Bitte nach. Er schien fast eine Vorliebe für Seine erklärten Feinde zu haben.

Wenn du dein Leben lang ein Feind von Jesus gewesen bist, zögere nicht, zu Ihm zu kommen. Du wirst mit offenen Armen empfangen werden.

Jesus zwingt nie jemanden. Einmal heilte er einen Stummen, aber er nötigte den Mann nicht, er solle nur das sagen, was ihm gefiel. Es wurden keine Bedingungen gestellt. Der Mann war hinterher frei und konnte sprechen, was immer er wollte, selbst gegen den Einen, der ihm sein Sprechvermögen wiedergegeben hatte.

*

Kurz vor Seinem Tod salbte eine Frau Jesus mit kostbarem Öl. Wenn sie Ihn zuvor um Rat gefragt hätte, hätte Er wohl ähnlich reagiert wie die Jünger und ihr gesagt, sie solle nicht soviel Geld dafür ausgeben. Aber sie fragte nicht, sie handelte.

Im Talmud heißt es, daß alles von Gott Verbotene Gültigkeit erlangt, sobald es getan wurde. Es ist falsch, wegen etwas zu hadern, was bereits stattgefunden hat. Daher fragt Jesus Seine Jünger: »Warum tadelt (Präsens) ihr die Frau für etwas, das sie getan hat (Perfekt)?« Etwas Unwiederbringliches sollte nie Anlaß für Schmerz oder Streit sein. Wenn wir zu Ihm kommen, belästigt Jesus uns nicht mit vergangenen Sünden und Verfehlungen. Er sehnt sich vielmehr danach, sie mit Seiner Liebe zuzudecken. Er richtet nach dem jetzigen Charakter eines Menschen, nach dem, was geheilt werden kann.

*

Jesus erkannte, daß die Macht der Religion nicht im Erfolg liegt, sondern in Niederlage und Schwäche. Der russische Schriftsteller Alexander Zinowjew stellt eine einsichtige Frage: »Können wir uns vorstellen, daß Christus im Fernsehen auftritt und Dutzenden von Journalisten ein Interview gibt?«

Er zog es vielmehr vor, am Kreuz für die Sünden der Menschen zu sterben, um sie durch Sein Blut gänzlich auszuwischen.

Luther hat geschrieben: »Die Sünden der Welt sind nicht dort, wo sie wahrgenommen und empfunden werden, weil es für die Theologie keine Sünde und keinen Tod in der Welt gibt. Für die Philosophie und den Verstand ist die Sünde nirgendwo anders als auf der Welt ... Die wahre Lehre ist, daß es keine Sünde in der Welt gibt, weil Christus die Sünde in Seinem Leib besiegt hat.«

Jesus hat alle Sünden der Welt auf sich genommen, auch die deinen. Als Er am Kreuz starb, erduldete Er die Strafe, die wir verdienten, damit uns, die wir an Ihn glauben, alle unsere Schandtaten vergeben werden.

*

Eine Taube flog rasch zu Mose und bat: »Rette mich! Ein Adler verfolgt mich.« Und Mose versteckte die Taube unter seinem Gewand.

Da flog der Adler hinunter zu Mose und sagte: »Ich bin genauso ein Geschöpf Gottes wie die Taube, und ich habe Hunger. Ich muß auch meine Jungen füttern. Gott hat es so eingerichtet, daß kleinere Vögel meine Nahrung sein sollen. Du handelst ungerecht, wenn du mir meine Beute wegnimmst.«

Mose erwiderte, er könne ihm auf keinen Fall die Taube geben, aber eher ein Stück Fleisch von seinem Schenkel opfern, das dem Gewicht einer Taube gleichkäme.

»Halt!« sagte da der Adler. »Ich bin der Erzengel Michael. Die Taube ist der Engel Gabriel. Wir wollten nur deine Herzensgüte auf die Probe stellen.«

Das ist zwar nur eine Fabel, aber sie erzählt die Geschichte von Adams Sündenfall. Durch das Recht des Sieges wurde der Teufel zur vollkommenen Kontrolle über unsere sündigen Seelen ermächtigt. Aufgrund des Sündenfalles verdienten wir es, seine Beute zu sein. Doch Jesus ertrug all die Pein, die uns gebührte. Er, der Unschuldige, litt für uns, die Schuldigen. Somit sind wir frei. Gottes Wille in bezug auf uns ist erfüllt worden.

Wir dagegen sollen selbstaufopfernd im Dienst am Menschen, selbst an bösen Menschen, sein.

Hier erkennen wir eine der vielen Wahrheiten, die Jesus Seiner Kirche anvertraut hat. Zur Erbauung unseres kindlichen Verstandes drückte Er sie häufig in Gleichnissen aus, wie in dem soeben erzählten.

*

Als Jesus vor Pilatus, Seinem Richter, erschien, schwieg Er, weil Er zu sterben beabsichtigte. Er wußte, daß Er entkommen könnte, wenn Er sich verteidigen würde, aber Er war auf diese Erde gekommen, nicht nur um zu leben, sondern auch, um zu sterben. Es war Seines Vaters Wille und Sein Wunsch.

Als Er am Kreuz hing, machten sich Seine Widersacher über Ihn lustig, indem sie Ihn aufforderten, herunterzusteigen und Sich zu retten. Das Wunder bestand darin, daß Er am Kreuz ausharrte, obwohl er Legionen von Engeln befehligte.

Er hatte nicht gezögert, sich an der Freude einer Hochzeit zu freuen, als es Seinem Vater so gefiel. Und Er scheute sich auch nicht vor dem Leiden, als es Seines Vaters Wille war. Er ertrug Freud und Leid mit Gleichmut.

Diejenigen, die schrien: »Wenn du der Sohn Gottes bist, so steig herab vom Kreuz«, wußten nicht um die Heiligkeit stillen Ausharrens und um die erlösende

Wirksamkeit von Jesu Kreuzigung. Selbst Seine Freunde waren sich der Bedeutung Seines Leidens nicht bewußt, sonst hätten sie mit Ihm plädiert: »Da du der Sohn Gottes bist, so bleib am Kreuz!«

Blutig, entblößt, dornengekrönt, hohlwangig, durstig und auf einem barbarischen Symbol der Schande durchbohrt, erduldete Er bereitwillig die ganze Strafe für unsere Sünden. Für *meine* Sünden. Und während manche vielleicht den Glauben verloren haben, als sie zum Kreuz starrten, an dem der Beste, der Heiligste verschied, kam ich zum Glauben, als ich erkannte, daß Gottes Sohn so überaus gut war und für meine Sünden starb.

In der Bibel wird uns von Gottes auserwähltem Volk, den Juden, berichtet, die lange Zeit als Sklaven in Ägypten schlecht behandelt wurden. Als Gott aber beschloß, sie zu befreien, kündigte Er an, daß alle Erstgeborenen der Ägypter in einer Nacht sterben würden. Um einem ähnlichen Schicksal zu entgehen, wurden die Juden angewiesen, die Eingänge ihrer Häuser mit Blut von einem Lamm zu bestreichen.

Gott sagte zur Erklärung: »Wo ich das Blut sehe, will ich an euch vorübergehen, und die Plage soll euch nicht widerfahren, die das Verderben bringt, wenn ich Ägyptenland schlage« (2. Mose 12:13).

»Wo ich das Blut sehe.« Es war nicht der Charakter der Bewohner eines Hauses, auf den Gott schaute, als Er Seine Entscheidung traf. Es war vielmehr das Blut des Lammes. So ist es auch mit unserer Beziehung zu Jesus. Nicht weil wir gut sind, werden wir erlöst, sondern weil Jesus Sein Blut für uns vergossen hat, und wir das zu unserem Schutz geltend machen.

*

Nachdem Jesus uns das Heil angeboten hat, dient Er uns, indem Er uns vollkommenen Frieden schenkt.

Charles Spurgeon, der berühmte englische Prediger des neunzehnten Jahrhunderts, hat gesagt: »Als ich gestern auf einem Feld spazierenging, erblickte ich einen Dornbusch, den ein Tier umkreiste. Als ich näher kam, sah ich, daß ein Vogel in diesem Strauch nistete. Er saß ruhig zwischen den Dornen und ließ sich nicht aus der Ruhe bringen. Da fiel mir ein, was ich Ihnen heute sagen will: ›Macht eure Nester zwischen den Dornen, die das Haupt Jesu Christi krönen, und ihr braucht euch vor keinem Feind zu fürchten.‹«

*

Ein alter Mann mit einem schweren Sack auf den Schultern ging mühsam einen Berg hinauf. Da hielt ein Auto an, und der Fahrer lud ihn ein, einzusteigen. Der alte Mann nahm die Einladung an, behielt aber den schweren Sack auf den Schultern.

Als der Fahrer ihn nach dem Grund fragte, antwortete er: »Es war freundlich genug von Ihnen, mich in Ihrem Auto mitzunehmen. Warum sollte ich Ihnen auch noch den Sack aufhalsen?«

Wir haben die gleiche dumme Einstellung, wenn wir Christi Kirche betreten und unsere Sündenlast behalten. Jesus hat den Preis für all unsere Sünden bezahlt. Dafür gib sie Ihm. Dann brauchst du dir auch keine Sorgen mehr um sie zu machen.

*

Man erzählt sich, ein Page am russischen Zarenhof habe viele Schulden gehabt. Als er eines Tages im Schlafzimmer des Zaren Dienst hatte, schrieb er alle seine Schulden auf und darunter die Frage: »Wer wird das alles bezahlen?« Sodann schlief er ein, obwohl er Dienst hatte.

Der Zar wachte in der Nacht auf, ging in den Vorraum und fand den schlafenden Pagen. Als er den Zettel sah, schrieb er seinen Namen unter die Frage: »Der Zar Nikolaus.«

Diese Antwort gibt auch Jesus, wenn wir uns fragen, wer all unsere Probleme lösen und all unsere Schuld begleichen wird.

Wenn wir beten: »Vergib uns unsere Schuld«, setzt Er Seine Unterschrift hinzu: »Der König Jesus Christus.«

Unser König.

*

Jesu Gnade ist unermeßlich. Spurgeon war einmal sehr traurig und fragte sich, ob es genügend Gnade für ihn gäbe, um von seinen vielen Sünden errettet zu werden. Da begann er plötzlich zu lachen.

Als er nach dem Grund gefragt wurde, sagte er: »ich habe einen kleinen Hering im Meer schwimmen sehen, der sich fragte, ob das Wasser im Meer für ihn ausreiche.«

Wer kann die Gnade Gottes erschöpfen? Unsere Sünden sind zwar groß, aber der Heiland ist größer. In der Bibel steht ein tröstendes, kleines Versprechen: »..., wenn uns unser Herz verdammt, Gott größer ist als alle Dinge« (1. Joahnnes 3:20).

Wir können Ihm vertrauen.

*

Der heilige Bernhard sagt: »Wo sonst haben die Schwachen festen Halt und sichere Ruhe, wenn nicht in den Wunden des Erlösers?

Die Welt legt die Stirn in Falten, der Körper drückt, der Teufel stellt Fallen. Ich falle nicht, weil ich auf einem festen Felsen gegründet bin. Ich habe schwer gesündigt. Das Gewissen ist unruhig, aber ich werde nicht überwältigt werden, denn ich werde der Wunden des Herrn gedenken.«

Er schließt mit den Worten: »Mein Verdienst ist daher das Erbarmen des Herren. Eigentlich bin ich nicht ohne Verdienst, solange Er nicht ohne Erbarmen ist. Doch wenn der Gnaden des Herrn viele sind, sind in gleichem Maße auch meiner Verdienste viele. Soll ich von meiner eigenen Rechtschaffenheit singen? O Herr, nur Deine Rechtschaffenheit allein will ich preisen. Diese Rechtschaffenheit ist auch mein, von Gott gemacht.

Der ganze Wert des Menschen besteht darin, seine ganze Hoffnung auf Ihn zu setzen, der dem ganzen Menschen Sicherheit gibt.«

*

Ein Pfarrer besuchte einmal eine arme Frau in ihrer Küche. Auf dem Hof hing die Wäsche, die sie gewaschen hatte. Er machte ihr ein Kompliment: »Wie weiß Ihre Hemden sind! Die haben Sie wirklich sauber gewaschen!«

Während sie Tee tranken, begann es zu schneien. Da schaute er zum Fenster hinaus, und die Wäsche schien im Vergleich zum Schnee grau zu sein. Das veranlaßte die Frau zu folgendem Kommentar: »Was kann mit der Reinheit Gottes gleichgesetzt werden?«

Jesus gibt Sündern diese göttliche Reinheit.

*

Ich weiß, daß viele gern Botengänge für den Meister machen würden, aber wir kennen Ihn, beziehungsweise Seine Botschaften, nicht sehr gut. Ein wahrer Lehrer wird dir sagen, Sein erster Wunsch an uns sei, daß wir nicht umherlaufen, sondern ruhig sitzenbleiben und Sein großes Geschenk annehmen, welches kostenlos und nicht mit Bedingungen verknüpft ist.

Wir sind so sehr an die Welt des Gebens und Nehmens gewohnt, an das Bezahlen aller Güter, daß uns die Vorstellung von einem freien Geschenk nahezu fremd ist. Zumindest Dankbarkeit erwarten wir für unsere Geschenke, ein Lächeln, vielleicht eine künftige Freundschaft. Aber Jesus ist freigiebig, obwohl Er aus bitterer Erfahrung weiß, daß Er keine Dankbarkeit empfangen wird.

»Er ist gütig mit den Undankbaren und Bösen« (Lukas 6:35).

Er wußte, daß diejenigen, denen Er Gutes getan und für die Er Wunder gewirkt hatte, eines Tages rufen würden: »Kreuzige Ihn! Kreuzige Ihn!« Er gibt, weil Er die reine Liebe ist, und Er schätzt es sehr, wenn jemand Seine freien Gaben annimmt.

Es heißt, ein reicher Mann habe sich einmal entschlossen, seinen Reichtum zwischen allen zu verteilen, die ihn haben wollten. Er nahm also seinen Besitz und tauschte ihn gegen Goldmünzen ein. Diese legte er in einen Korb, stellte sich damit auf eine Themse-Brücke und forderte alle Passanten auf, sich zu bedienen.

Eine große Menschenmenge scharte sich um ihn. Manche sagten: »Er macht sich sicher über uns lustig. Es muß sich um gefälschte Münzen handeln.« Andere sagten: »Das muß ein Scherz sein.« Wieder andere meinten: »Das muß eine Filmwerbung sein.« Niemand ging hin, um die Münzen in Empfang zu nehmen, bis ein Kind schließlich den Anfang machte. Es ging einfach hin und bediente sich.

Jesus hat zu uns gesagt, wir sollten wie kleine Kinder werden. Er möchte uns kein geringeres Geschenk zuteil werden lassen als Seine Göttlichkeit, und somit das ganze Leben und die ganze Wahrheit.

Du magst sagen: »Das ist zuviel«, oder »Das kann

man nur symbolisch verstehen«, oder »Das muß eine versteckte Bedeutung haben.« Alle diese Antworten zeigen, daß du noch nicht Kind geworden bist. Wenn du wie ein Kind bist, wirst du einfach kommen und empfangen, was Er liebevoll anbietet, ohne eine Gegenleistung zu verlangen.

»Jesus rief ein Kind zu sich und stellte es mitten unter sie und sprach: Wahrlich, ich sage euch: Wenn ihr nicht umkehret und werdet wie die Kinder, so werdet ihr nicht ins Himmelreich kommen« (Matthäus 18:2). Die Kirchengeschichte sagt uns, daß dieses Kind Ignatius war, der später Bischof von Antiochien wurde und den Märtyrertod starb.

Als Ignatius zur Zeit des christenverfolgenden römischen Kaisers Trajan aufgefordert wurde, Christus zu verleugnen, gab er zur Antwort: »Sein Name steht in meinem Herzen geschrieben und läßt sich nicht auslöschen.« Die Legende erzählt, daß seine Widersacher, nachdem sie ihm das Herz herausgeschnitten hatten, sahen, wie in goldenen Buchstaben der Name »Jesus Christus« darauf geschrieben stand.

Wenn die Geschichte wahr ist, war das ein Glücksfall. Viele Kinder, die Jesus liebkost und umarmt hat, vergaßen Ihn später. Andere haben sich vielleicht sogar gegen Ihn gewandt.

Da Jesus Gott ist, wußte Er vor der Zeit, wie die Menschen mit Seinen Gaben umgehen würden. Doch Er verschenkte sie ungeachtet dessen weiterhin an alle.

Papst Alexander VI., der schlimmste Papst, den die Kirche je gehabt hat, wie auch Mao Tse-tung, der größte Massenmörder aller Zeiten, erhielten beide Gaben von Ihm; desgleichen die von ihnen verfolgten Heiligen. Er hat für jeden eine Gabe – auch für dich.

Viele Christen haben Gewissensbisse, weil sie Ihm nicht gut dienen oder weil sie nicht wissen, wie sie Ihm dienen sollen. Es wäre besser, wenn sie in sich kehren und zulassen würden, daß Er ihnen dient. — »Des Menschen Sohn ist nicht gekommen, daß er sich dienen lasse, sondern daß er diene« (Matthäus 20:28).

*

Jesus erzählt in einem Seiner Gleichnisse von einem verlorenen Schaf, das wiedergefunden wurde. Der Hirte bestraft es nicht, und er treibt es auch nicht streng zur Herde zurück, sondern nimmt es auf die Schultern und trägt es behutsam. Jesus ist dieser Gute Hirte.

Die ersten Christen bemalten ihre geweihten Gefäße oft mit dem Herrn in der Gestalt des Guten Hirten, wie Er Sein verlorenes Schaf nach Hause bringt. So sieht man Ihn auf Flachreliefs oder Steinsärgen sowie auf Gemälden in den Katakomben von Rom.

In Seinen Gleichnissen spricht Jesus nicht nur von der Rettung eines Schafes, das sich verirrt hat und durch Blöken auf sich aufmerksam macht, sondern auch vom Fund einer verlorenen Münze, eines gefühllosen Metallstücks, das sich seiner Lage nicht bewußt ist und zu seiner Wiederfindung nicht beitragen kann. So sind die Verlorenen, die sich ihres Zustandes gänzlich unbewußt sind, die Kranken, die sich gesund wähnen, und solche, die in bezug auf ihre geistliche Gesundheit gleichgültig sind.

*

Jesu Blut hat die Macht, von aller Unredlichkeit und Sünde zu reinigen.

In seinem Brief an die Hebräer schrieb Paulus, daß es unmöglich sei, jene zur Buße zu erneuern, die abgefallen sind (Hebräer 6:4 – 6).

Bis ins dritte Jahrhundert glaubte die Kirche, daß diese Worte nur für schwere Sünden gelten würden – Unzucht, unerzwungenen Götzendienst und Mord.

Die Kirche betrachtete diese Sünden nicht als unvergebbar beim Jüngsten Gericht, war aber der Ansicht, daß sie aus Erziehungsgründen auf Erden nicht vergeben werden sollten.

Deshalb waren jene, die solche Sünden begangen hatten, für immer von der Kirche ausgeschlossen.

Sie wurden zwar zur Reue und Buße aufgefordert, konnten jedoch nicht darauf hoffen, in dieser Welt wieder in die Kirche aufgenommen zu werden.

Papst Calixtus erklärte im frühen dritten Jahrhundert als erster: »Ich vergebe denen, die umkehren, die Sünden der Unkeuschheit und der Unzucht.« Zu jener Zeit war das eine revolutionäre Verlautbarung. Die Haltung der Kirche war im dritten Jahrhundert jedoch nicht auf der Heiligen Schrift gegründet.

Der heilige Paulus meinte nicht, das Fallen in Sünde von der Vergebung auszuschließen, sondern das Abfallen vom Glauben.

Im Neuen Testament wird uns von einem Mann berichtet, der seine Unzucht so weit trieb, daß er mit der Frau seines Vaters zusammenlebte. Dennoch wurde ihm nach gebührender Reue vergeben. Die Kirche ist nicht eine Gesellschaft von vollkommenen Heiligen, sondern von Kandidaten für die Heiligkeit. Jeder Fall in Sünde kann wieder gutgemacht werden, nur – das Abfallen vom Glauben nicht.

Sündigen ist, wie wenn man die Verzierungen der Gnade verliert, die den Charakter verschönern. Im Herbst schüttelt ein von Frost und Wind angegriffener Baum sein Laub ab und offenbart sein nacktes Skelett. Ebenso sehen sich verführte Menschen ihrer Selbstachtung beraubt und den Blicken ihrer Mitmenschen preisgegeben. Doch nach dem Winter ihrer Schande kommt der Frühling, und der Mensch hat die Möglichkeiten, das wiederzugewinnen, was er verloren hat.

Es ist sicherlich wünschenswerter, wie die Kiefer zu sein, die ihre Nadeln im Winter nicht verliert, sondern immergrün ist. So sind diejenigen, die ihren Glauben bewahren und ihn auch in der Versuchung nicht ablegen. Doch so, wie es in der Natur auch andere Bäume als die Kiefer gibt, umfaßt Gottes Kirche nicht nur die standhaften, sondern auch jene schwächeren Brüder, die manchmal sündigen.

Der Herr sagt zu dem Engel der Gemeinde in Ephesus: »Gedenke, wovon du gefallen bist, und tue Buße, und tue die ersten Werke« (Offenbarung 2:5). Ein gefallener Mensch und sogar eine gefallene Kirche können Buße tun. Die Möglichkeit der Buße besteht, so lange die Güte Gottes währt (Römer 2:4).

In seinem Brief fügt Paulus hinzu, daß diejenigen, die sündigen, »den Sohn Gottes abermals für sich selbst kreuzigen« (Hebräer 6:6). Das Zeitwort »kreuzigen« wird in der Gegenwartsform verwendet, was auf eine ständige und bewußte Einstellung zur Sünde hindeutet. Das Wort »abermals« unterstreicht dies.

Offenbar kann niemand Reue empfinden, *während* er den Herrn kreuzigt. Aber er kann bereuen, *nachdem* er Ihn gekreuzigt hat.

Diese verurteilenden Worte beziehen sich nicht auf vergangene, sondern vielmehr auf gegenwärtige Sünden. Die Übersetzung würde vielleicht richtiger lauten, daß es unmöglich ist, Menschen zur Buße zu erneuern, *während* sie den Sohn Gottes abermals kreuzigen. Danach ist es möglich. Nachdem König David Ehebruch mit Bathseba begangen und die Ermordung ihres Ehemannes veranlaßt hatte, konnte er dennoch hoffen, obwohl ihm das Gesetz Gottes keine Hoffnung mehr bot. Indem er seine Sünde in tiefer Reue eingestand, flehte er Gott, den er so sehr liebte, um Wiedereinsetzung an. Heute haben wir den Psalm 51, sein Bußlied, als Erinnerung an die Beziehung, die gebrochen und dann wieder geheilt wurde.

So können auch wir trotz aller Bibelverse, die uns entmutigen könnten, erlöst werden.

Jesu Blut ist allmächtig.

*

Es gibt einen Glauben, der nichts anderes verlangt als das Privileg der Anbetung. Es ist ein Glaube, der sich durch Liebe offenbart und wie Petrus in einem erleuchteten Augenblick zu Jesus sagt: »Gehe von mir!« (Lukas 5:8), oder bei dem gläubigen römischen Hauptmann: »Bemühe dich nicht!« (Lukas 7:6)

Ein einfaches Mädchen ohne große Schulbildung wurde von einem Mann geliebt, der große Aussichten auf Karriere hatte. Da das Mädchen wußte, daß es für seine berufliche Laufbahn hinderlich sein würde, unternahm es alles mögliche, um den Liebhaber zu entmutigen, obwohl sein Herz nach wie vor für ihn schlug. Sie drängte ihn, ein Mädchen zu heiraten, das besser zu seiner Zukunft paßte und beseitigte alle Hindernisse, die ihm im Wege standen, dieses zu heiraten.

Jesus hat einmal zu Seinen Jüngern gesagt: »Es ist euch gut, daß ich hingehe« (Johannes 16:7). Er weiß, daß wir uns ohne Seine sichtbare Gegenwart vielleicht wohler fühlen. Deshalb zog Er sich diskret zurück. Er drängt sich nie jemandem auf. Und wenn wir zu Ihm sagen: »Bemühe dich nicht!«, wird Er sich auf andere Weise mit uns in Verbindung setzen.

Zu denen, die Ihm gehören, spricht Er in der Nacht, und am Morgen legt Er dann einen Schleier über das, was Er gesagt hat. Sie wissen zwar, daß Er gesprochen hat, aber sie können nicht sagen, was.

Jeder hat von der Psychoanalyse gehört, die sich mit dem Bewußten und dem Unterbewußten beschäftigt. Niemand hat jedoch bislang eine Technik der Geistanalyse entwickelt, die sich mit dem Überbewußten befassen würde. Wenn sich diese eingehend untersuchen ließe, würde man entdecken, daß viele Lehren Jesu im Herzen eingraviert sind, deren wir uns nicht bewußt sind.

Wenn man sein Leben Gott anvertraut, zeigt sich auch nach der Bekehrung das alte Ich in vielerlei Art: Geltungsbedürfnis oder Selbstgefälligkeit im Gottesdienst, Selbstbemitleidung, Selbstsucht, wenn man von Menschen Lob begehrt, Selbstverurteilung in Stunden der Heimsuchung, Selbstverteidigung bei Kränkung, Selbstbewußtsein im Umgang mit anderen.

Mit der Zeit verändert Jesus den einzelnen jedoch, so daß er den Charakter, den er einmal gehabt hat, nicht beibehält.

Das Ich wird durch das Leben Jesu ersetzt, wie der Apostel Paulus an die Galater geschrieben hat: »Ich lebe; doch nun nicht ich, sondern Christus lebt in mir« (Galater 2:20).

*

Wenn du dich auf die Suche nach Jesus begeben möchtest, muß die ganze Willenskraft aufgeboten werden.

John Bradford, ein protestantischer Märtyrer während der Verfolgung in England, hat einmal gesagt: »Ich habe mir vorgenommen, nie eine geistliche Übung zu beenden, ehe ich nicht wirklich Gemeinschaft mit Christus gehabt habe. Wenn ich bete, bete ich, bis ich wahrhaftig zu Gott bete. Wenn ich zu Ihm singe, singe ich, bis ich wahrhaftig zu Ihm singe. Ich suche stets so lange, bis ich finde.«

Kant hat gesagt, daß es außer gutem Willen nichts wirklich Gutes gäbe. Bis zu welchem Grad sich unsere guten Wünsche für unseren Charakter jedoch erfüllen lassen, hängt nicht von uns ab. Wir alle haben gute Eigenschaften und schlechte. Jesus allein ist »ganz lieblich« (Hohelied 5:16). Er hat nichts zu verbergen.

Die Frohe Botschaft besteht darin, daß Jesus uns trotz all unserer Fehler annimmt, wenn wir uns entschlossen haben, Ihn zu suchen. Unseren guten Willen wertet Er für Redlichkeit.

Wenn wir Ihn dann finden, werden wir äußerst bedeutend. In gewisser Hinsicht werden wir bedeutender als Jesus selbst, wie Er mit folgenden Worten angedeutet hat: »Wer an mich glaubt, der wird die Werke auch tun, die ich tue, und wird größere als diese tun, denn ich gehe zum Vater« (Johannes 14:12).

So wie Gemeinden mehr auf die Predigt achten als auf die Lesung des Wortes Gottes, achten die Menschen mehr auf Christen, die sie sehen, als auf den unsichtbaren Christus.

*

Wo kann man Jesus finden?

Der Sohn eines Arztes wurde gefragt: »Ist dein Vater zu Hause?«

»Nein«, erwiderte er.

»Wo kann ich ihn dann finden?«

»Er tut sicher irgendwo Gutes.«

Der Sohn eines guten Arztes kann sicher sein, daß sein Vater, wo immer er auch sein mag, den Notleidenden hilft.

Christen können dir vielleicht nicht den genauen Ort sagen, an dem du Jesus findest, weil Er, wie in der Vergangenheit, von Stadt zu Stadt und von Dorf zu Dorf geht, lehrend, heilend und Trost spendend. Wenn du Jesus im Himmel suchst, wirst du Ihn vielleicht nicht finden. Suche Ihn in den Häusern, wo Dunkelheit, Traurigkeit und Krankheit herrschen. Du wirst nicht weit zu gehen haben, um Ihn zu finden.

*

Ein Skythenkönig ließ seinen Sohn hinrichten, weil dieser ein Verbrechen begangen hatte. Dann befahl er, daß das Schwert mit dem sein Sohn enthauptet wurde, über seinem Thron aufgehängt werden sollte, wenn er Gericht hielt. Wo immer er ging, schritt ein Beamter mit diesem Schwert in der Hand vor ihm einher, damit alle wissen sollten: »Wenn der König um des Gesetzes willen nicht einmal seinen eigenen Sohn verschonte, um wieviel weniger wird er geneigt sein, andere zu verschonen.«

Gott verschonte Seinen eigenen Sohn nicht, als dieser die Sünden der Menschen aufgebürdet bekam. Das Kreuz ist ein Symbol der strengen Verurteilung der Sünde. Meide deshalb die Sünde!

Als Michelangelo gefragt wurde, welche Methode er für seine Mosesstatue angewandt habe, antwortete er: »Es ist ganz einfach. Man nehme einen Marmorklotz und meißle alles weg, was nicht nach Mose aussieht.«

In unserer Beziehung zu Christus beginnen wir zwar als unbehauene Marmorklötze, aber wir haben die Möglichkeit, prachtvolle Menschen zu werden, indem wir alles wegmeißeln, was Christus nicht ähnlich ist.

Wir müssen aber vorsichtig sein. Christus ähnlich zu sein, bedeutet nicht, Ihn zu kopieren. Er lebt vielmehr in uns, wie der Saft der Rebe in ihren Zweigen lebt.

Jeder Christ hat somit ein neues Leben zu leben, mit allen seinen Begleiterscheinungen, so wahrhaftig, wie Er Sein irdisches Leben gelebt hat. Das ist schwieriger, als ein Leben zu führen, das dem Leben Christi nachgebildet ist. Schauspieler, die drei Stunden lang den Romeo spielen können, würden nicht für ihre geliebte Freundin sterben.

Behalte dies im Gedächtnis, lerne von Jesus! Wenn du zu Ihm schaust, wirst du Gott kennenlernen.

Aber schau auf Jesus und nicht auf von Menschenhand gezeichnete Portraits von Ihm!

Nur Leonardo da Vincis Zeitgenossen konnten dessen berühmtes Gemälde »Das letzte Abendmahl« so sehen, wie er es gemalt hatte. Innerhalb von sechzig Jahren wies es solche Schäden auf, daß nur noch eine verwirrende Vielzahl von Farbklecksen zu sehen war. Seit jener Zeit hat es fremde Kriege und Bürgerkriege erlebt, eine Bombardierung, gute und schlechte Restaurationsversuche, sowie den Atem von 200 000 Touristen jährlich.

Das Christentum hat viele Reformatoren erlebt. Da Vincis Gemälde hatten auch ihre Restaurateure. Beide Gruppen sind nicht immer freundlich mit ihren jeweiligen Meisterwerken umgegangen.

Versetze dich daher im Geist in die Zeit Jesu zurück, da Ereignisse und Erinnerungen an Ereignisse zwei verschiedene Dinge sind. Selbst die Erzählungen des Neuen Testaments berichten nicht alles, was in Wirklichkeit geschah.

Erlebe die Ereignisse nochmals selbst!

Jesus ist überall sichtbar. Um Ihn zu finden, braucht man nicht in eine Kirche, ein Kloster oder eine Kunstgalerie zu gehen. Konzentriere dich auf Seine liebenden Eigenschaften, meditiere über Sein unvergleichliches Wesen, gehe selbst mit Ihm die Straßen des guten Dienstes und des Segens, anstatt im Geiste bei den von anderen Menschen ersonnenen Darstellungen von Ihm zu verweilen.

Wenn man auf Jesus schaut, wird die Frage des Leidens kein Hindernis mehr für den Glauben an Gott sein. Durch die Göttlichkeit Jesu, des Schmerzensmannes, hat das Leiden wunderbaren Wert erlangt. Leiden ist wirklich nur Leiden, wenn du es nicht willst. Nur unsere entgegengesetzten Wünsche machen die Sorge zur Sorge.

Wenn du das Leid wie Jesus herbeigesehnt hast, wenn du es als ein hohes Privileg ansiehst, stört es dich nicht mehr.

Wenn du so handelst, wirst du Gott schauen. Die Existenz Gottes wird für dich offensichtlich sein. Du wirst dich fragen, wie du bisher daran zweifeln konntest.

Feuerbach hat gesagt: »Die Menschen schufen Gott nach ihrem Bilde, nicht umgekehrt.« Er hatte sicher unrecht. Wenn der Mensch Gott geschaffen hätte, wäre es ein Gott gewesen, der mit unseren Begierden und Leidenschaften einverstanden ist, ein Gott, der selbst den Bösen eine ewige Herrlichkeit schenkt. Der von uns erfundene Gott würde uns keine Gebote geben, die uns vor dem zurückhalten, was uns am liebsten ist, und er würde keine Hölle für Missetäter bereithalten.

Der in der Bibel und von Jesus verkündete Gott ist so gänzlich anders, als Ihn sich die Menschen vorstellen, daß Er nicht ein Produkt unserer Phantasie sein kann. Er ist, weil Er ist, nicht weil wir Ihn erfunden haben.

Wenn du auf Gott schaust, wirst du Ihn lieben. Wenn du Ihn liebst, wirst du auch diejenigen lieben, die Ihn leugnen, wie Er sie liebt. Wenn sie nur wüßten, wie sehr sie geliebt werden!

Der bekannte jüdische Philosoph Martin Buber hat geschrieben: »Es war einmal ein Mann, der Gott liebte. Er verließ die Welt der Schöpfung und ging zu der großen Leere. Dort wanderte er umher, bis er zu der Tür des Geheimnisses kam. Er klopfte an. Von drinnen ertönte eine Stimme: ›Was willst du hier?‹ – ›Ich habe‹, so sagte er, ›den Sterblichen deine Lobgesänge gesungen, aber sie waren mir gegenüber taub, und so bin ich zu dir gekommen, damit du selbst mich hören und mir antworten kannst.‹ – ›Kehr um!‹, rief die Stimme von drinnen. ›Es gibt hier kein Gehör für dich. Ich habe mein Gehör in der Taubheit der Sterblichen ertränkt.‹«

Wenn man den Gottesleugnungen der Atheisten zuhört, so werden diese, nachdem du selbst Ihn gefunden hast, eine tiefe Bedeutung für dich erlangen.

Das größte Opfer Jesu war nicht, daß Er Seinem Leben entsagte, Er gab mehr als das. Er entsagte Seiner Unschuld. Er nahm die Sünden der ganzen Menschheit auf sich. Die Bibel sagt: »Er wurde für uns Sünde.« Er wurde für uns das, was Er am meisten verabscheute. Der einzige Vergleich wäre die Tat von französischen und holländischen Patrioten, Mitgliedern der Widerstandsbewegung während der deutschen Besetzung, welche Kollaborateure der nationalsozialistischen Polizei wurden, die sie haßten, um jenen zu helfen, die von ihr verfolgt wurden.

Im Herzen des Atheisten verzichtet Jesus sogar noch auf mehr. Er verschweigt Seine Gegenwart, ja Seine Existenz. Er identifiziert sich mit Sündern vielerlei Art. Er identifiziert sich auch mit denen, die die Sünde der Gottesleugnung und des Gotteshasses begehen. In denen, die Seinen Ruf nicht hören wollen, schweigt Er und weint. Er hört auf, jene zu tadeln, die einen Tadel nicht ertragen können.

Das wird auch deine Einstellung gegenüber Atheisten sein. Wir werden sie ganz einfach still und schweigend lieben. Sie haben Freunde in uns. Nichts von dem, was sie uns antun, wird jemals unsere Liebe zu ihnen ersticken können. Diese unsere Liebe wird der beste Beweis für die Existenz Gottes sein.

Korrespondenz mit dem Autor an folgende Adressen:
Deutschland: HMK, Postfach 1160, 7772 Uhldingen 1
Schweiz: HMK, Postfach 1182, CH 3601 Thun

B ücher der Stephanus Edition

von Pfr. Wurmbrand

B 004	Gefoltert für Christus – Neuauflage
B 027	Antwort auf Moskaus Bibel
B 040	Erreichbare Höhen (tägl. Andachten)
B 111	Ein Brand aus dem Feuer
B 123	Ein Mensch in zwei Welten
B 124	Das andere Gesicht des Karl Marx
B 126	Das Lied der Liebe

von anderen Autoren

B 007	S. Wurmbrand	Mit und ohne Richard
B 009	M. Wurmbrand	Christus oder die Rote Fahne
B 033	Hlinka	Apartheid – Lage der Christen in der CSSR
B 036	Padberg/Lohrey	Der Griff nach den Kindern
B 038	Germani/Heck	Löwe oder Bär? – Kampf um Afrikas Süden
B 047	Valéry	Zelle 24
B 073	Barron/Paul	Das Massaker
B 074	Stocker	Die getrennten Reiche
B 075	Gitt/Wermke	Schöpfung oder Evolution
B 076	Nagy	Siehe, ich bin des Herrn Magd
B 083	Shifrin	UdSSR-Reiseführer (erw. Auflage)
B 086	Kohls	Jesus Christus bekennen
B 092	Edwards	Der Geächtete Gottes
B 095	Braun	Flug über die Grenze
B 096	Bullinger	Die zwei Naturen im Kinde Gottes
B 097	Weber	Das Grab in Sibirien
B 099	Schweckendieck	Jesus gestaltender Künstler
B 102	Löw	Nur ein Splitter vom Kreuz
B 103	Kuijt	Die Reise von Pjotr und Lamir
B 105		Libanon, das Exempel
B 106	Radlinger	Schwache, Blender, Gotteskraft
B 107	Rötting	Herr, lehre uns beten
B 108	Latk	Kirche im Sozialismus
B 112	Reagan	Ich vertraue auf Gott
B 113	Seibert	Der atomare Holocaust
B 114	Hartfeld	Evangelistische Strategie
B 116	Katterfeld	Der dritte Ruf
B 118	Braun	Afrikanische Kurzgeschichte
B 119	Karol	Den Gerichten überliefert
B 120	Latk	Frieden mit der kommunistischen Gesellschaft
B 121	White	Kampf um Kuba (erw. Auflage)
B 122	Spring	Simbabwe, verbranntes Land
B 125	Bourdeaux	10 wachsende Kirchen
B 126	Marrón	Der Militärmantel
B 129	Hostetler	Sie liebten ihre Feinde
B 130	Cotterell	Schrei Äthiopien
B 131	Petrus	Greenpeace – Die verborgenen Gefahren
B 132	Jung	Skanderbegs Erben – Christen in Albanien